JN185238

［国研ライブラリー］

資質・能力

理論編

国立教育政策研究所
［編］

東洋館出版社

「国研ライブラリー」発刊の辞

「国立教育政策研究所」は、その前身である「国立教育研究所」（昭和24年設立）の時代から、我が国唯一の教育に関する国立研究所として長い歴史を有しています。

本研究所は、これまで初等中等教育から高等教育、社会教育、生涯学習、文教施設までの教育行政全般にわたって、将来の政策形成のための先行的調査や既存の施策の検証など教育改革の裏づけとなる基礎的な調査研究を進めてまいりました。

グローバル化や少子高齢化、科学技術イノベーションなどが加速度的に進む現代においては、一人一人が豊かな人生を送るための基盤として、幼児教育から高等教育まで一体的な教育改革を実効的に進めるための調査研究を行い、わかりやすく社会に説明していくことがこれまで以上に重要になっています。こういった中で国と地方の教育政策の形成に寄与し、学校での教育実践に役立つことを目的とする本研究所の役割は、ますます高まっていることを日々実感しております。

このように長い歴史と実績を有する研究所として、その成果を教育関係者をはじめとするより多くの方々の目に触れる形で提供すること、また、これまでの研究所の歩みを研究成果という観点から広く残していくことが重要であると考え、今回、「国研ライブラリー」シリーズの発刊を構想させていただきました。

「国研ライブラリー」シリーズを手にした皆様が、国立教育政策研究所で行われている様々な研究内容についてご理解いただき、また、このライブラリーが、我が国の教育の質を向上する一助となれば幸いです。

国立教育政策研究所　所長　大槻　達也

はじめに

国立教育政策研究所では、教育政策上の課題について研究テーマを設定し、所内外の研究者も広く含めたプロジェクトチームを組織して行う「プロジェクト研究」を毎年、十数本実施しています。プロジェクト研究の狙いの一つは、教育政策にも資するような先行的な学術研究調査や実践事例収集を行うところにあります。その点で、研究成果は当研究所や文部科学省の見解を反映したものではなく、プロジェクト研究チームの現時点での研究成果を示したものであることにご留意いただければと思います。

今回、そのプロジェクト研究の中で、「資質・能力を育成する教育課程の在り方に関する研究―目標・内容、指導方法、評価の一体的検討―」（平成２６年度～２８年度（予定））の研究成果の一部として平成２７年３月にまとめられた「資質・能力を育成する教育課程の在り方に関する研究報告書１～使って育てて２１世紀を生き抜くための資質・能力～」を「国研ライブラリー」の第一弾として発刊することといたしました。

本書は、本研究の前身として行ったプロジェクト研究「教育課程の編成に関する基礎的研究」（平成２１年度～２５年度）を、さらに学術的に精緻化・構造化し、教育目標や内容、学習・指導方法、評価等の一体的・実証的な検討を行う中でまとめられた、言わば「理論編」として位置づけられるものです。前身のプロジェクトの成果は、中央教育審議会において、育成すべき資質・能力の議論のための検討資料の一つとして紹介されておりますが、「資質・能力を育成する教育課程の在り方に関する研究」やその中間報告としての本書は、中央教育審議会において進められている次期学習指導要領改訂に向けた議論の内容を反映したもの、あるいはその裏付けとしてまとめたものではございません。むしろ同様なテーマに対する少し違った見方として捉えていただき、みなさまが「２１世紀を生き抜くために必要な資質・能力とは何か」や「それを育成するための教育や評価の一体的な在り方はどのようなものか」といった教育の根幹に関わる問いに対して、ご自分なりの答えを見つけていただくヒントになれば幸いです。

　例えば本書では、２１世紀に求められる資質・能力を「教科等の内容」を学ぶために使えるもの、そして使いながら育てるものと位置付けるために、資質・能力と教科等の内容（知識・技能）をいったん分けて考えました。それによって、「資質・能力を使って教科等の内容を学ぶ」という構造としました。そして、資質・能力を使って断片的な知識をまとめるところから、教科等の本質を掴むような深い理解が可能になると考えたのです。

　その一方で、本書で紹介される「基礎力」のもととなる知識・技能も、やはりこうした学びから得られるものと考えれば、それらが身に付いたときには、教科等の内容（知識・技能）と「基礎力」は極めて似通ったものだと考えることができます。例えば、人口増加問題に数学的な観点（例えば単調増加と見るか指数関数的増加と見るか）から考えることができるリテラシーは「基礎力」と見なせますが、そのリテラシー自体が足し算や掛け算、指数関数などの知識・技能が血肉化されたものだと考えられるように、です。

　本書の構造化は、より学習の過程（学び方）を重視し、授業のデザインを考える際の具体的なヒントになることを狙ったものだと整理できます。そうした狙いを、学術的な背景で構造化することによって、読者のみなさま、あるいは一つ一つの学校が、より多面的な視点から授業やカリキュラムのデザインを考え、それをどのように学力の三要素や生きる力の育成につなげていくかについての知見を深める機会と本書がなることを切に願います。

　最後に調査研究を進められた研究者やご協力いただいた関係者の方々、そして本書の刊行にあたってご尽力いただいた東洋館出版社の高木聡様に深く感謝いたします。

　なお、プロジェクト研究報告書を書籍として刊行するにあたり、多すぎる引用文献や過去のプロジェクト研究報告書の引用は割愛しました。ご興味のある方は、先述の報告書をご覧ください。ただし、外国語で書かれた引用文献について翻訳があるものは、（著者名、原書刊行年／翻訳年）の形で記載し、読者の皆様が入手しやすいようにしました。

平成２８年１月吉日

目次

第1章

いま、なぜ資質・能力の育成が重視されるのでしょう？

グローバル社会では、環境や経済、国際関係など様々な分野において、専門家も答えを持たない複雑で世界規模の問題が、一人一人の市民に影響を与えます。こうした問題を解決しながら持続可能な社会をつくるためには、**誰かが答えを出してくれるのを待つのではなく、市民一人一人が考えや知識、知恵を持ち寄り主体的に答えを作り出すこと**が求められます。つまり、**「何を知っているか」だけでなく、それを使って「何ができるか」「いかに問題を解決できるか」**が問われるようになってきました。

さらに、インターネットを始めとする情報化の進展で、既存の知識や情報が調べやすくなりました。そのため、**単に知識を覚えていることより、調べたことを使って考え、情報や知識をまとめて新しい考えを生み出す力**が大事になってきました。

加えて、グローバル社会は、様々な言語や文化、価値観を持つ人々との交流や協働の機会が増えています。情報化がそれに拍車をかけ、日本にいながら多様な情報や考えに触れる機会も増えてきました。その**多様性を生かして、問題を解き、新しい考えを創造できる力**が重要になってきました。

以上の動向をまとめると、先行きの見えない変化の激しい時代の中で、変化自体をよりよい方向に向かわせることができるような心身ともにしなやかでたくましい市民が必要になってきています。知識基盤社会における健やかな未来創りは、市民自らが主体となって問題を引き受け、自力あるいは他者と協働して、知識を基盤に新しい答えや価値を生み出すことができるか、その資質・能力を有しているかにかかっています。

資質・能力の育成は、教育基本法の理念である人格の完成や、平和で民主的な国家及び社会の形成に必要な資質を備えた国民の育成につながります。また、確かな学力、豊かな心、健やかな体の調和を重視する「生きる力」を育むことの重要性を改めて示すものでもあります。

教育基本法第一条

教育は、人格の完成を目指し、平和で民主的な国家及び社会の形成者として必要な資質を備えた心身ともに健康な国民の育成を期して行われなければならない。

中教審答申「幼稚園、小学校、中学校、高等学校及び特別支援学校の学習指導要領等の改善について」（平成20年1月）

変化の激しい社会を担う子どもたちに必要な力は、基礎・基本を確実に身に付け、いかに社会が変化しようと、自ら課題を見つけ、自ら学び、自ら考え、主体的に判断し、行動し、よりよく問題を解決する資質や能力、自らを律しつつ、他人とともに協調し、他人を思いやる心や感動する心などの豊かな人間性、たくましく生きるための健康や体力などの「生きる力」である（後略）。

山積する課題に納得できる答えを見いだしていかなければならない「挑戦の時代」だか

らこそ、新しい時代を生き抜くための資質・能力を育成する教育の充実が求められています。その趣旨は第２期教育振興基本計画（平成２５年６月１４日）にも反映されています。当計画は前文で次のように指摘し、社会の全構成員がどこかにある正解や誰かの未来予測を頼りにするのではなく、自ら課題探求に取り組むことを求めています。

第2期教育振興基本計画（2013年6月、2頁）

グローバル化の進展などにより世界全体が急速に変化する中にあって、産業空洞化や生産年齢人口の減少など深刻な諸課題を抱える我が国は、極めて危機的な状況にあり、東日本大震災の発生は、この状況を一層顕在化・加速化させた。これらの動きは、これまでの物質的な豊かさを前提にしてきた社会の在り方、人の生き方に大きな問いを投げ掛けている。

これらの危機を乗り越え、持続可能な社会を実現するための一律の正解は存在しない。社会を構成する全ての者が、当事者として危機感を共有し、自ら課題探求に取り組むなど、それぞれの現場で行動することが求められる。

計画の中で提唱されている「自立、協働、創造」という生涯学習社会の理念も、資質・能力の育成を生涯かけて行っていく必要性をうたったものです。

第2期教育振興基本計画（2013年6月、5頁）

一人一人の自立した個人が多様な個性・能力を生かし、他者と協働しながら新たな価値を創造していくことができる柔軟な社会を目指していく必要がある。

そのためには、学校教育の中で、自ら課題を発見し、他者と協働して解決に取り組み、新たな価値を創造する力などを育むことが重要です。その過程で子供たちが「自分で考え、自分で判断でき、考えを表現できる主体であること」や「考えの異なる他者とも対話できること」「対話を通じて自分の考えや社会を良くすること」等を習慣的にできるようになれば、平和で民主的な国家や社会の形成が可能になります。平和で民主的な国家や社会は、子供たちが自分らしく生きていくこともやりやすくします。

そうできるためには、学校や家庭、地域の協働が欠かせません。むしろ、教員だけでなく、子供自身や、子供に関わる保護者や周囲の大人全員が教育について考え判断する「教育の主体」となることで、初めて資質・能力を育む教育は可能になります。なぜなら、持続可能な社会の実現に一律の正解がないように、「これからの時代を生きるために必要な資質・能力はどのようなものか」という問いにも、一律の正解は求められず、一人一人が教育の主体として、よりよい答えを求めていくしかないからです。

しかし、こうした教育をゼロからスタートしなければいけないわけではありません。我が国には既に「生きる力」の理念実現を目指した教員や子供たち、保護者、地域の大人、研究者、行政関係者の連携による実践の蓄積があります。

国内外の教育実践・学習研究の進展からも、資質・能力が「目的（ends）」としてだけでなく、「手段（means）」として役立つことが分かってきています。子供が他者と関わりながら自分で考えて理解を深め、次に学びたいことを見付けるなど、資質・能力を重視した教育において、教科等の内容の学習も一層進むことが示唆されています（囲み1―1、1―2）。

囲み1―1：子供は失敗から学ぶ力を持っている（生産的失敗法）

子供は、教えないと考えることはできないのでしょうか？　シンガポールの数学の授業では、小学生が初めて習う「速度」や、中学生が初めて習う「分散」の単元で、概念や計算の仕方を教わる前に、グループで課題[1]にチャレンジする実践が始まっています。

例えば、中学3年生が「3名のサッカー選手のゴール数を記録した20年間分のデータを見て、最も成績の安定した選手を決めるための値（指標）を作ってみよう」という課題に3人組で2コマ取り組み、3コマ目で初めて標準偏差の概念と計算式を教わる授業がありました。比較のため、先生から先に概念と式を教わってから、グループ活動するクラスも設けました。

実践の結果、考えてから教わるクラスでは、教わってから考えるクラスより、概念を深く理解し、応用問題で優秀な成績を収めました。その成績は、所属する学校の偏差値とわずかしか関係しませんでした（シンガポールでは、小学校修了時のテスト成績で中学校が決まるストリーミング制がとられています）。偏差値に関わらず、グループ活動時に多様な解法を試行錯誤していた生徒ほど、より優秀な成績を示しました。

この「生産的失敗法（プロダクティブ・フェイリャー）」と呼ばれる実践を行った研究者は、「公式を覚えて適用する受験型の学力では低く見える生徒にも、試行錯誤しながら問題の本質をつかむ力が備わっている。子供に潜むこうした力を引き出しながら、教科等の内容を習得し、２１世紀に一層求められる資質・能力――例えば『答えがすぐには分からなくとも粘り強く考える力』――も育てる教育が可能だ」と述べています。

（Kapur, 2010, 2014; Kapur & Bielaczyc, 2012）

囲み１―２：理論作りは高校生まで待つべきか？（知識構築プロジェクト）

科学者が日々行うような理論構築は、「とても難しいので高校生まで待つべきだ」、あるいは「まずは基礎となる仮説検証や条件制御のトレーニングから始めるべきだ」という意見がありますが、本当なのでしょうか？　トロント大学附属の幼少一体型の学校では、幼稚園児や小学生でも理論構築に挑戦できないかという実践がなされています。

例えば、小学校１年生が校庭で「なぜ秋になると、葉っぱは赤くなるんだろう」とつぶやいたのを先生がクラスの課題にし、対話や調査、専門家との相談で解決していった

1　「課題」と「問題」に関して、既に存在する問題や教員から課された問題を「課題」と呼び、主体が自ら問題と見なしたものを「問題」と呼ぶ使い分け方がありますが、本書では各々をより広い意味に用いることにします。

授業があります。分かったことや疑問は、電子掲示板の上に書き込んで、読み合ってコメントします。書き込みが増えてきたら、「まとめて俯瞰（ふかん）する」ノートも作ります。

書き込む際、作文の手助けになるように「私の考えは」「証拠は」「もっと知りたいことは」などの「書き出し」を使うことになっています。「書き出し」には、書き込む本人が「自分は何を書こうとしているのか」をはっきり自覚することを促す効果と、仲間がそれぞれのノートを「どのようなものとして書いているのか」を意識できる効果があります。ノートがたまると、この書き出しの利用回数をグラフで眺め、「『私の考えは』ばっかりだね」「もっと証拠を探さないと」等と小学校1年生が自己評価するそうです。

さらに、ノートがたまると、今度は「こういうことを考えている専門家の大人は、どんな言葉を使って話し合っているのかしら？」と先生から問い掛け、子供たち自身が使う言葉と科学者が使う言葉とを、タグクラウドという形式で見比べられるように表示します。それによって子供たちは「同じテーマを話し合っているはずなのに大人が全然違う言葉を使っている」ことに気付いて、未知の用語を調べたり、科学者のものの見方や考え方を理解しようとしたりする動機付けが増します。

これら一連の学習活動を通じて、子供たちは自分なりの理論を作っていきました。つまり、ICTも駆使して、考えながら話し合い書き合う積み重ねで、科学的方法をトレーニングされなくても、科学的な説明を作り出し、それを支持する事実を集める「理論構築」活動ができるのです。こうした授業では、単元が終わっても次の単元につながる疑問が生まれる特徴も見られました。

この実践を行った研究者や教員は、「大人が想像する以上に、子供たちは自分の知識を自分で作る力を持っている。その力の存在を信じて引き出し、教科等の内容の学習に結び付けながら知識を創造する力を育てていく実践は、世界のどこでも展開できる」と主張しています。現在世界２１か国で、この「知識構築」と呼ばれる理念に賛同し、学習支援システムを使った実践を展開する教員や研究者、教育行政関係者のネットワークが生まれています。

（Scardamalira & Bereiter, 2013, 2014）

第2章

世界で始まる資質・能力教育とは？

1　キー・コンピテンシーと21世紀型スキル

世界の国々も「キー・コンピテンシー」（図1）や「21世紀型スキル」[2]（図2）といった資質・能力の教育（以下「資質・能力教育」と略）を始めています。DeSeCoプロジェクトが提案したキー・コンピテンシーの「相互作用的に道具を用いる」というカテゴリーに関わるコンピテンシーがOECDの生徒の学習到達度調査（PISA）に、そして、21世紀型スキルプロジェクトが提案した21世紀型スキルの中の「コラボレーション」スキルがPISA2015、2018の「協調問題解決能力」調査に反映されるなど、世界規模の評価にも影響を及ぼしています。

2　諸外国の資質・能力目標

資質・能力目標の中身について、次頁の**図3**のように諸外国のカリキュラムも含めて広

2　キー・コンピテンシーはグローバル社会を生涯学び続ける社会と捉え、その基盤としての資質・能力を育成する面が強く、21世紀型スキルはデジタル化されたネットワークの中で協調的に問題を解決する社会と捉え、ICTリテラシーを軸とした資質・能力を育成する面が強い特徴があります。

3　図はhttp://www.nier.go.jp/04_kenkyu_annai/div03-shogai-lnk1.htmlによる。

図1　キー・コンピテンシー（ライチェン・サルガニク，2003/2006）[3]

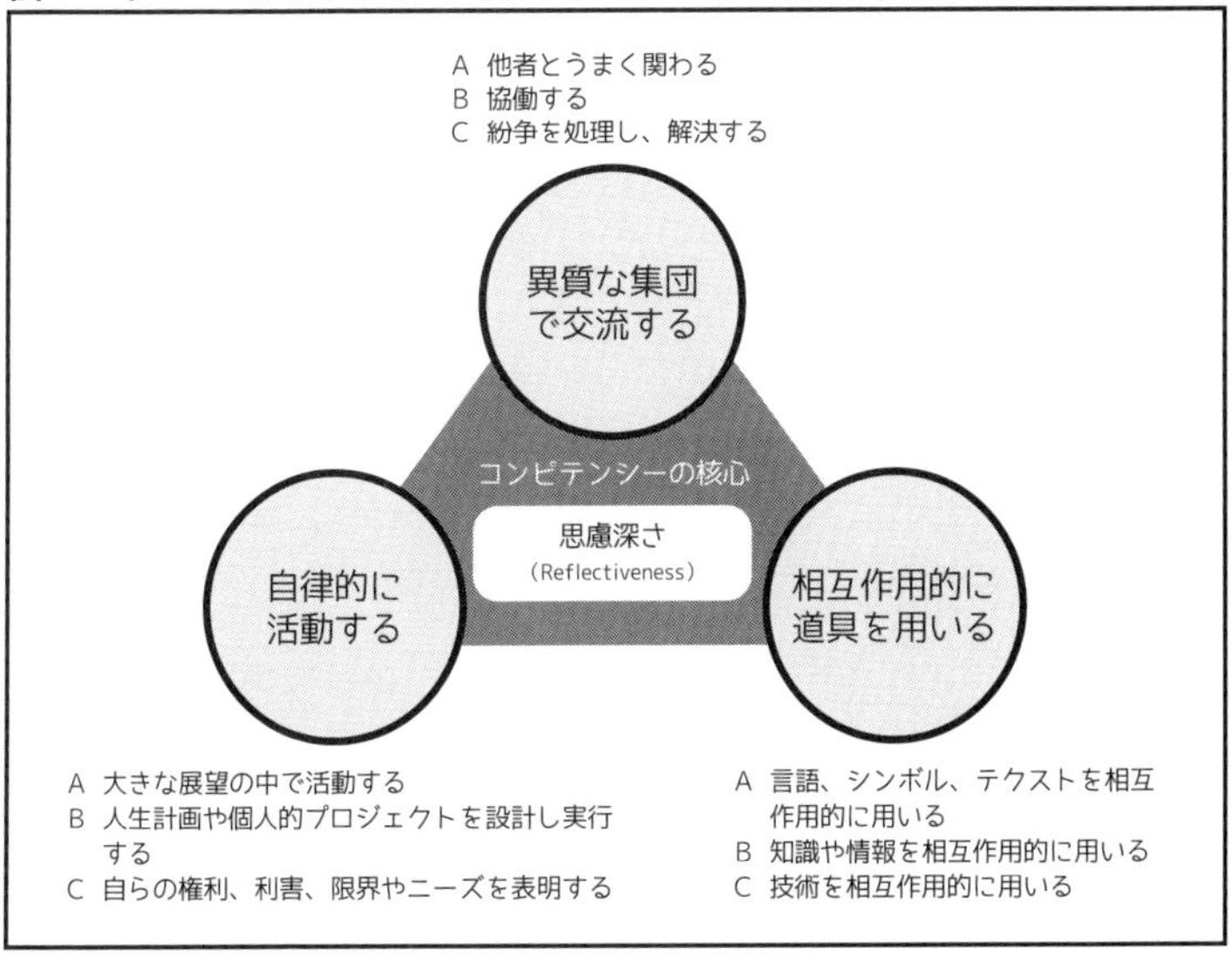

図2　21世紀型スキル（グリフィン・マクゴー・ケア，2012/2014）

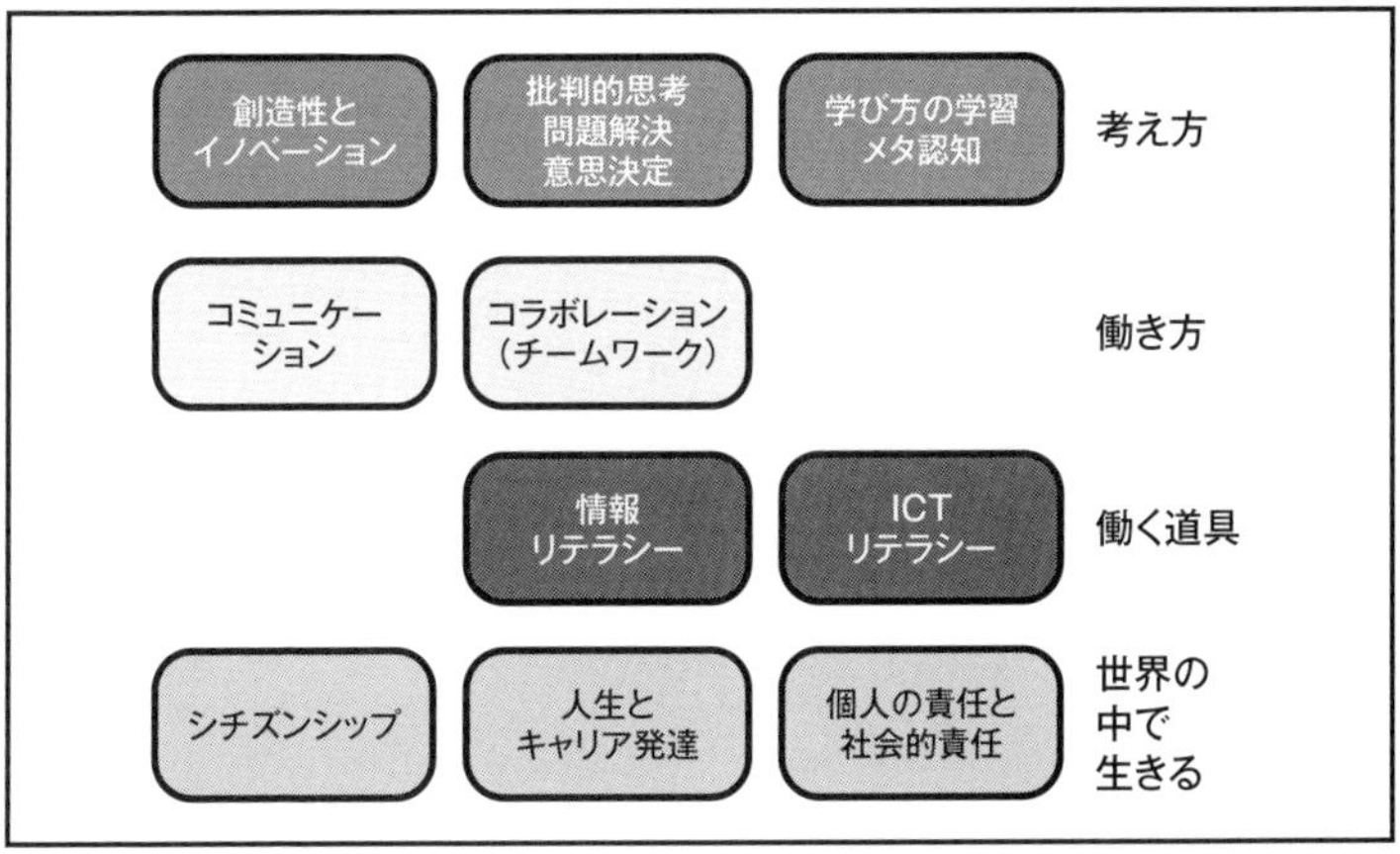

図3　諸外国やプロジェクトの資質・能力に関わる教育目標

OECD（DeSeCo）		EU	イギリス	オーストラリア	ニュージーランド	（アメリカほか）	
キーコンピテンシー		キーコンピテンシー	キースキルと思考スキル	汎用的能力	キーコンピテンシー	21世紀型スキル	
相互作用的道具活用力	言語，記号の活用	第1言語 外国語	コミュニケーション	リテラシー	言語・記号・テキストを使用する能力		基礎的なリテラシー
	知識や情報の活用	数学と科学技術のコンピテンス	数学の応用	ニューメラシー			
	技術の活用	デジタル・コンピテンス	情報テクノロジー	ICT技術		情報リテラシー ICTリテラシー	
反省性（考える力）（協働する力）（問題解決力）		学び方の学習	思考スキル（問題解決）（協働する）	批判的・創造的思考力	思考力	創造とイノベーション	認知スキル
						批判的思考と問題解決	
						学び方の学習	
						コミュニケーション	
						コラボレーション	
自律的活動力	大きな展望	進取の精神と起業精神	問題解決 協働する	倫理的理解	自己管理力	キャリアと生活	社会スキル
	人生設計と個人的プロジェクト						
	権利・利害・限界や要求の表明	社会的・市民的コンピテンシー 文化的気づきと表現		個人的・社会的能力 異文化間理解	他者との関わり 参加と貢献	個人的・社会的責任	
異質な集団での交流力	人間関係力						
	協働する力					シティズンシップ	
	問題解決力						

く検討したところ、言語や数、情報を扱う「基礎的リテラシー」、思考力や学び方の学びを中心とする「認知スキル」、社会や他者との関係やその中での自律に関わる「社会スキル」の三つに大別されました。[4] 簡単に言うと、「知り、考え、社会の中で行動する力」が求められていると言えます（松尾、2015年）。

もう一つ注目すべき点は、どの国においても、これらの目標が一部のエリートや専門家のためだけでなく、全ての人に求められるものだと位置付けられていることです。教育改革を巡って、これまでは一部のエリートの卓越性（excellence）が重視されたり、逆に教育の人間化が叫ばれる中で平等性（equality）が重視されたりしてきました。しかし、21世紀の知識基盤社会では、卓越性と平等性の目標を同時に追求し、全ての人が卓越する道が目指されるようになっています。[5]

3 キー・コンピテンシーと21世紀型スキルに関わるアプローチ

DeSeCoプロジェクトは、23頁の**図1**に示したような各々のコンピテンシーを、断片ではなく一体として扱う「ホリスティックモデル」を提唱しています。つまり、27頁の**図4**のように、求められるコンピテンシーが文脈によって違うとしても、3軸のコンピテンシーの全部を重み付けて用いることが想定されています。
▽例えば、「**相互作用的に道具を用いる**」というコンピテンシーも、単なるリテラシーとしてではなく、「民主的な社会に参加しながら、自立的に考え活動するための能力」に結び付けられています。

それゆえ、「相互作用的に道具を用いる」というコンピテンシーを具体化したPISAの各リテラシーは、囲み2―1のような「**社会参加やシティズンシップ**（傍線部）」と「リ

4　いずれのプロジェクトや国においても、各々の固有な教育制度や状況、歴史に応じて、それぞれの教育目的・目標を達成するために、用語の選択や定義が行われています。
5　「卓越」とは「群を抜いてすぐれている」ことを意味しますので、「平等」とは相いれないと思われます。しかし、ここでは、全ての学習者が「昨日の自分」を卓越するなど、誰もが学習の質を向上できる教育が模索されています。

テラシー」との二重構造を持っています。

囲み2—1：PISAの各リテラシーとキー・コンピテンシーの関係

読解力：「自らの目標を達成し、自らの知識と可能性を発達させ、効果的に社会に参加するために、書かれたテキストを理解し、利用し、熟考する能力」

数学的リテラシー：「数学が世界で果たす役割を見付け、理解し、現在及び将来の個人の生活、職業生活、友人や家族や親族との社会生活、建設的で関心を持った思慮深い市民としての生活において確実な数学的根拠に基づき判断を行い、数学に携わる能力」

科学的リテラシー：「自然界及び人間の活動によって起こる自然界の変化について理解し、意思決定するために、科学的知識を使用し、課題を明確にし、証拠に基づく結論を導き出す能力」

（文部科学省HP：http://www.mext.go.jp/a_menu/shotou/gakuryoku/siryo/05122201/001.htm等より）

２１世紀型スキルプロジェクトは、**図5**のように、教育内容（図の「教科・領域の深い理解」や「ハードスキル＝技能」）の学習と、スキル[6]（図の「２１世紀型スキル＝ソフトスキル」）とを一体的に育成することを狙う「前向きアプローチ」を提唱しています。囲

6　「スキル」はコンピテンシーより狭く、それに包含される概念です。ただ、２１世紀型スキルプロジェクトの、特に「ソフトスキル」は、通常より広い概念を指すものとして使われています。

図4　DeSeCoプロジェクトの「ホリスティックモデル」(ライチェンら、2006、p.123)

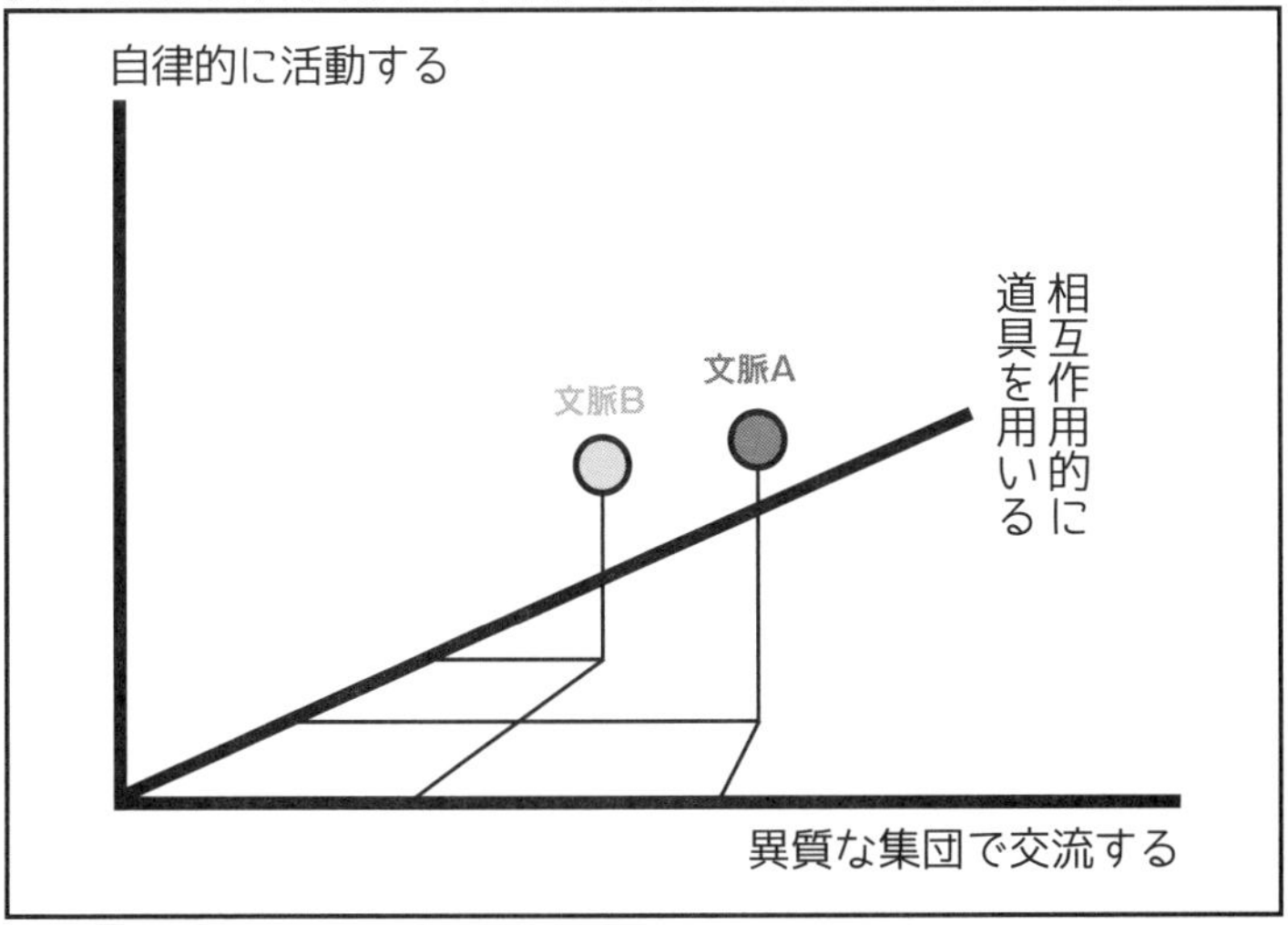

図5　21世紀型スキルと教育内容の関係(スカーダマリアら、2012/2014)

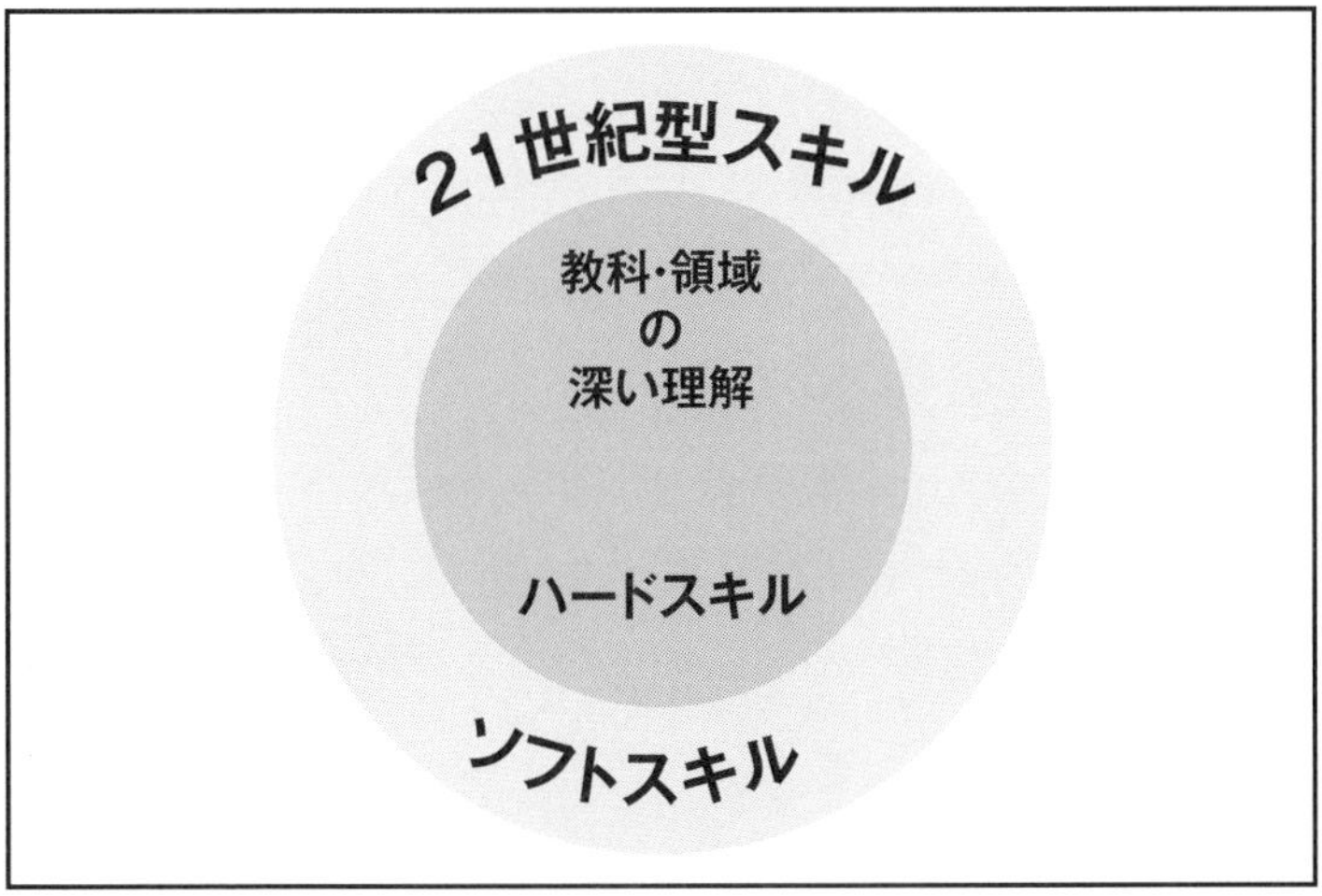

み２―２の説明では、２１世紀型スキルを使った学習や知識の構築が推奨されています。

囲み２―２：２１世紀型スキルを活用する教育

（２１世紀型スキルは）イノベーティブな能力の中核にあり……近年のカリキュラムスタンダードにも見られるものの、スタンダードや評価で主に強調されるのは、言語や数の「ハード」スキルや、どれだけ事実を知っているかという「ハード」な知識です。「ソフト」スキルに注目することで、学校が説明責任を問われるような基礎的スキルや教科内容の知識習得の努力が軽視されてしまうのではないかという心配がなされるのです。学習科学の研究者間で一致した見解は、それら二つは矛盾するものではないというものです。……

知識構築プロセスへの参加を通して児童生徒のイノベーティブな能力を高め、他者にとって価値ある公共的知識を生み出し、知識の発展に対する集団責任を持つプロセスが根付きます。このようにしてアイデアの改善は、深い領域の知識の学習へとつながりつつ、知識構築の中核にたどり着くのです。このとき、２１世紀型スキルは、その実現に不可欠な鍵となります。

（スカーダマリアら、２０１４年、１０３～１０５頁）

以上のように、両プロジェクトとも、**各々の力を結び付け、それらを教科等の学習とも一体化する「文脈的アプローチ」**の教育方法を重視しています。つまり、資質・能力は、

教科等の学習のために「使って育てていく」ものと位置付けられています。例えば、21世紀型スキルプロジェクトは、20世紀後半の北米における「思考スキル」教育の失敗に基づき、スキルを手順に分解し、教科等の学習から切り離して形式的にトレーニングする教育方法[7]に警鐘を鳴らしています（スカーダマリアら、2014年、89頁）。

4　諸外国のアプローチ

国立教育政策研究所では世界約10か国の教育課程の在り方やその変遷を検討し、資質・能力教育を進める各国の様々な工夫を明らかにしています。以下に、その工夫を列挙します（ほかにも参考として松尾、2015年）。

▽教科等の内容と資質・能力（やそれに関わるスキル）の関係を明記するか、逆に、現場の裁量を大きくして内容と資質・能力の自由で創造的な関係付けを求める。
▽内容と資質・能力等を結び付けた授業や単元の実例をウェブ上で公開・共有する。
▽裁量の拡大で多様な実践が生まれることを推奨しつつ、評価規準の共有で一定の質保証を行う。

7　例えば、思考を「操作」と「知識」と「傾性」に分け、直接教えやすい「操作」について、比較や解釈などの「ミクロ思考技能」、矛盾の指摘などの「批判的思考技能」、概念化や問題解決などの「思考方略」に分けて、各々について手順やルールを定め、教えるべきことを学年配当したバイヤーの「思考の直接指導法」は、当時の小学校社会科教科書（例えばマクミラン社1990年版教科書）にも採用されましたが、定着するには至りませんでした。

▽教育課程の基準に、子供を主語として「(子供が)~をできるようになる」という形で教育目標を明記する。

「誰が」「どのレベルで」教科等の内容と資質・能力等を結び付けるのか—例えば、教育行政関係者が教育課程の基準を示す文書であらかじめ結び付けるのか、教員が現場で結び付けるのかなど—については、各国で様々なやり方が見られます。また、教育課程に関わる様々なリソース(資源)—日本では学習指導要領や、その解説、評価関連の資料、事例発信のホームページ—の在り方も総合的に検討されています。

また、教育課程の基準の変遷を追うと、資質・能力を重視し、教科等の内容を大綱化・簡素化したイギリスやフィンランドといった国では、思考における知識の重要性—考えるための領域固有知識の量や構造化の大切さ—を踏まえて、再度、教科等の内容を重視し再構築しようとする動きが見られます。次の意見は、前節に紹介した文脈的アプローチの立場から、内容の重要性を指摘しています。

イギリスナショナル・カリキュラム改訂専門家委員会ティム・オーツ座長発言

我々は転移可能なスキルだけを教えることで十分であるという考え方には同意しないということをはっきりと述べておきたい、……全ての学習はスキルを含む内容を有しており、その内容は通常、特定の具体的なものである。汎用的なスキルや能力は重要ではあるけれども、そのまま単独で教えることはできない。こうしたスキルや能力は内容を伴う文脈で教えなければならない。

世界的にも、**教科等の本質が学びやすくなるように内容を構造化し、各教科に対応する専門分野で行われる活動（例えば、科学なら観察・実験やモデル化・シミュレーションなど）と組み合わせることで、子供が獲得する知識の質を上げようとする動きが鮮明**になっています。加えて、単なる知識や技能―「知っているか」や「できるか」―だけでなく、**知識や技能の質を問う評価**が主流になりつつあります。

その一方で、「市民性」「多様性」や「持続可能な社会づくり」に関わる資質など、たとえ成果が直接測ることができないとしても、重要な教育的価値を持つと信じられている教育目標があります。それらは総合的・教科横断的な科目・領域で目標に掲げられ、市民教育やキャリア教育、ＥＳＤなどで実践されています。

▽これは、DeSeCoプロジェクト等におけるコンピテンシーの中核に、「互いの多様性を認めた上で民主的な社会の創造・発展に関わる主体的で内省的な思考」が必要だと考えられていることとも相通ずるものです。また、成果の測りにくい重要なコンピテンシーを捉える一つとして、ＰＩＳＡ２０１８では「グローバル・コンピテンシーズ（Global Competencies）[8]」の調査も取り入れられようとしています。

8 http://www.oecd.org/callsfortenders/2014%2002%2021%20FINAL%20CFT%20PISA%202018%20Cores%20A%20B%20EDU.pdf

表1　「持続可能な社会づくり」に関わる資質の位置付け

	位置付けられた箇所	位置付けられた内容
ニュージーランド	価値 (value)	環境の持続可能性 (ecological sustainability)
オーストラリア	領域横断的優先事項 (cross-curriculum priorities)	持続可能性 (sustainability)
バカロレア 初等教育課程（PYP）	探究のユニット (Units of inquiry)	地球に共存する (Sharing the planet)
中等教育課程（MYP）	相互作用のエリア (Areas of interaction)	多様な環境 (Environments)

▽なお、こうした資質は、各国の教育課程や国際バカロレア機構（IB）のカリキュラムにおいて「コンピテンシー」以外の箇所にも位置付けられています。「持続可能な社会づくり」を例に取ると、**表1**のように横断的なテーマなどに位置付けられており、機会があれば、どのような教科等でも扱われるようになっています。

今後は、この両者―つまり、知識の質の向上と資質・能力の育成、あるいは、教科等の学びと教科横断的・総合的な学び―を結び付ける教育が可能なのかや、可能だとすれば、どのように結び付けていくかが、教育目標・内容・方法・評価に関する大きな課題となってきます。[9]

9　松下（2010）は、「新しい能力」が認知的要素（知識、スキル）だけでなく、人格のより深部の非認知的要素（動機、特性、自己概念、態度、価値観など）を含もうとしているとし、それを「垂直軸（深さ）」で捉えています。一方、能力が領域固有か普遍（汎用的）かを「水平軸（広さ）」で捉えています。各国の「知識の質を高める」教育は、知識の活用範囲を拡大する点で「広さ」を重視し、「市民性」「持続可能な社会づくり」等の価値に関わる教育は「深さ」を重視していると言えるでしょう。この広さと深さを同時に達成し、「知」と「徳」の関係をどう作っていくことができるかが、今後の大きな課題だと考えられます。例えば、知識の質を高めることは、単に活用範囲を広げるだけでなく、価値観の形成にもつながるような「もののの見方」を可能にするかもしれません。第3章以降で詳細に検討します。

第3章

そもそも資質・能力とは何でしょうか?

資質・能力の具体的な内容や教育について考える前に、資質・能力をどのようなものと考えればよいかを検討しましょう。一般的に「資質」と言うと、「政治家の資質」など、人格も含めたその人の性質や素養、品性、あるいは「スポーツ選手の資質に恵まれた」など生まれ持った才能を指しそうです。そして、「能力」と言うと、自分で努力して身に付けた力を意味するものですが、学習との関係で考えると、どう考えられるのでしょうか？ここでは、教育行政の分野における「資質・能力」の定義からは離れ、資質・能力の大まかな学術的検討を行っていきます。

1　資質・能力と知識との関係は？

資質・能力と教科等の知識は、まずは分けて考えた方が、教育は構想しやすいでしょう。なぜなら、**資質・能力は、対象が変わっても機能することが望ましい心の働き**だからです。いわゆる「内容知」と「方法知」とを分けて考えると、資質・能力は、内容についての「学び方」や「考え方」に関するものですから、「方法知」に近いものだと言えます。

「方法知」だと捉えると、資質・能力の教育は、内容（知識）の教育を軽視することになるという疑問が生まれるかもしれません。しかし、**方法知は内容をより深く学ぶことに使えますし、そうすることで方法知自体も育てられます。**このらせん的深化が、資質・能力教育の一つの目標です。

2 資質・能力とメタ認知との関係は？

資質・能力は、対象が変わっても使えることを目標としますので、教科等を横断する汎用性の高いものです。その点で、「メタ認知[10]（自分の問題の解き方や考え方等―つまり「認知」―について考える認知）」と密接に関係します。

メタ認知について、例えば児童生徒に「どう考えればうまく考えられるか」を教え、教科等を超えた「汎用的な思考スキル」として一般的に教授することができれば、資質・能力育成が容易になります。しかし、学習研究では、**メタ認知を自覚的に行うためには、教科等の学習など領域固有の豊富な経験が必要であり、ある領域のメタ認知が必ずしも他の領域に簡単に使える（転移する）わけではないこと**が明らかになっています[11]（例えば、ブランスフォード・ブラウン・クッキング、2000年／2002年）。

そこで、メタ認知を働かせている「熟達者（プロ）[12]」の特徴について、次に検討します。

10 「メタ」とは「より上位の」という意味で、自分の認知を自覚的に捉える過程を指します。

11 「一般的・明示的に教授できた」と主張する研究も、その主張が成り立つ人工的な場面を作って一回きりの簡単な実験や実践を行って主張している場合が多く、地方や国などの教育行政団体と協力して長期的な検証を行った実践研究は、まだ多くはないです（詳細は国立教育政策研究所、2014年、第5章）。

12 波多野（2001）の区別で述べると、同じ仕事を極めて流暢に行う「定型的熟達者」でなく、新しい仕事を創造的に解決できる「適応的熟達者」を主に対象としていきます。

3　熟達者と初心者の違いは？

ある領域の熟達者（科学者や歴史学者、将棋の棋士、運動選手、音楽家、料理人など）と初心者の最大の違いは何でしょうか？　この問題を調べた数多くの研究から分かったことは、その**違いが、熟達者の汎用的な思考や記憶の能力・スキルではなく、専門領域の問題をうまく解くことができる「『概念や原理』に基づいて構造化された豊富な知識」[13]、つまり「質の高い知識」にある**ということでした。熟達者は、その知識によって、現象を説明・予測でき、自分の認知過程を評価（メタ認知）しながら適切な行為を取ることができるのです。

逆に、子供であっても、ある領域の学習に十分な時間をかけることができれば「その道のプロ」になることもできます。例えば、チェスや恐竜について子供が大人顔負けの記憶や推論能力を見せることもあります（Chi, 1978; Gobbo & Chi, 1986）。それは、熟達によって質の高い知識に基づいた思考や判断ができるようになり、自分の欠けているところをメタ認知して更に学ぶことができるようになったためです。

資質・能力も、教科等の豊富な学習経験を基盤に成立します。それゆえ、（ここが複雑なところですが）**資質・能力も、それがしっかり働く段階では、教科等の知識（内容知）を含み込んだものになってきます。**ちょうど、熟達者になると、内容知と方法知が一体化し、その人なりの「知のネットワーク」が構成されるのと似ています。同様に、DeSeCoプロジェクトもコンピテンシーを「**知識だけではなく、スキル、更に態度を含んだ人間の能力**」と定義し、そこに知識を含めています。

4　資質・能力と「ものの見方・考え方」との関係は？

各教科等の学習にも、熟達と同じような過程があります。つまり、その領域で時間をかけ、そこで重要とされる問題を解く経験を積み重ねながら、自らも主体的に問題を見付けて解けるところまで熟達する過程です。

各教科等の「**ものの見方や考え方**」**は、その教科等の学習内容を関連付けて統合し、その本質を捉えたもの**であり、専門的には「認識論」と呼ばれるものに当たります。つまり、理科や社会という教科は「どういうものの見方・考え方をするのか」という子供なりの理解です。その道のプロになると、自分なりの一家言を持つことができるようになるのと似ています。

ものの見方や考え方は、資質・能力そのものではありませんが、それを支える重要な要

13　「（問題を解くために）条件付けられた知識」とも呼ばれます。初心者の「不活性な知識」がその知識についてはっきりと尋ねられたときだけにしか働かないのに対し、熟達者の条件付けられた知識は、文脈の中で身に付けたからこそ、適切な状況で自発的に活用ができると言われています。

素になります。例えば、子供が、理科や社会、算数や音楽など複数のものの見方や考え方を持ち、それを使って、同じ問題でも違った角度から考えられるようになれば、それは資質・能力教育で重視される「考える力」の一つと言えるでしょう。その点で、認識論の獲得につながるような教科等の本質の学習─後述する「ビッグアイデア」の獲得・関連付け・統合─が、これからは一層重要になります。

こうした学習には、方法知も内容知も全て含まれることになります。例えば、囲み3─1では、教育目標としての「物事の見方を変える」という資質・能力の中に、探究の方法や領域固有知識も一体化する形で記述されています。

囲み3─1：物事の見方を変える資質・能力

常に一方向からだけ眺めていたのでは、同じ結論にしか到達できない。ここで求められるのは、同じ物事を別な方向から眺めてみること。これはそうしようとする態度も大事ですが、加えてそうできるための多様な探究の方法や、それを基礎付ける領域固有知識の豊富な所有、更にその中から目の前の対象なり問題に一番適切なものを選び取って上手に「活用」できる、それによって効果的な問題解決ができるといった資質・能力です。

（奈須、2013年、173頁）

5　資質・能力と知識との違いは？

資質・能力の中に知識が一体化されると考えると、資質・能力は「知識とどう違うのか？」が再度疑問になります。その単純な区別の一つは、「知識」は子供がそれを知らないと想定されるのに対して、「資質・能力」は全く持っていないとは考えにくいというものです。例えば、小学校低学年児は「足し算」や「引き算」の数学的意味や「繰り上がり」「繰り下がり」等の手続を知らないと考えられます。しかし、それについて考えるための力や、物を要素に分類し統合する基本的なスキルは、あると想定できます。そうでないと、学習の手掛かりとなる思考もできませんし、日常生活も送れません。そう考えると、**知識は学んで身に付けるもの、資質・能力は自分の中にあるものを引き出して使うもの**という区別ができるでしょう。[14]

「能力」の英訳の一つである「コンピテンス」を初めて学術的に用いた一人であるチョムスキー（Chomsky, 1965）は、ほとんど全ての人が言葉を話すことができるようになる

14　「資質」を子供が学んでいくために持っている潜在的な力と考え、「能力」を、それを使って実際に学ぶことで、子供自らが育て、自覚的に活用できるようになった力と考えてみることもできます。こう考えた場合は、いずれにせよ「資質・能力」は全体として、ゼロから身に付けさせるものというより、〝Educate〟の原義通り、子供から引き出し学習に使わせるものになります。

事実に注目し、「言語を習得する」という人間が生得的に持つ能力を「コンピテンス」と呼びました。言語習得のコンピテンスを備えた人間が、どの言語文化に生まれ、どういう言語環境で育つかによって、異なる「パフォーマンス」―日本語や英語など特定の言語を話すこと―が生み出されるわけです。その意味で、資質・能力は誰しもが基本的に持っているものであり、それが特定の環境で経験を積み重ねることによって行動として表れてくると考えることができます。

この考え方に従えば、例えば「考える力」という資質・能力も、基本的には人がみな持っており、ただ、特定の分野や環境で役立つように「うまく考えることができる」ようになるまでは、たくさんの経験が必要だということになります[15]。

6 ここまでのまとめ
―資質・能力とは？

以上をまとめると、次の順序で資質・能力の教育を考えることができます。

① ある対象を学ぶスタート時点では、その対象の内容（知識）と資質・能力を分けて考える。前者を新しく学ぶために、後者を使って効果的な学習に従事する。

② 学習が進むにつれて、その対象が子供の中の「生きて働く知識」となり、資質・

能力の支えや重要な要素となってくる。

③　この内容知と方法知とが融合した資質・能力が、更に高次な学習のスタートに使われる。

上記の①における「資質・能力」は、子供が新しいことを学ぶ際に使える「潜在的な学ぶ力や考える力」、③における「資質・能力」は、「教科等の質の高い知識やその学び方に関するメタ認知、ものの見方・考え方を含む総体」になります。

7　資質・能力と就業能力の関係は？

6節までのまとめでは、みなさんが「資質・能力」と聞いてイメージする社会的な能力や社会との関わりが含まれていないように思われたかもしれません。実際、「コンピテンシー」という用語が広く用いられるようになった源流には、「社会の中で働く大人が成功する要因は何か」を探った次の研究がありました。

マクレランド（1973年／1993年）は、アメリカの国務省から外交官（外務情報職員）の選考方法の見直しを依頼されました。当時の選考は、職務に必要だと見なされた

15　子供が言葉を話すことができるようになるまでの豊富な相互作用経験については、Roy（2011）が参考になります（国立教育政策研究所、2014年、137～138頁にも紹介があります）。

知識（経済学や行政学等の専門分野や一般教養、英語等）の筆記試験で行っていたのですが、試験の得点と海外の職務での成功が必ずしも相関しないことが分かりました。そこで、マクレランドは、卓越した職員とそうではない職員にインタビューを行い、優れた業績の要因として次の三つを見いだしました。

① 異文化の人の真意を発言から聴き取る対人関係感受性
② 敵対する人も含め他者の尊厳と価値を認めて前向きな期待を持ち続ける信念
③ コミュニティ内の権力関係など政治的なネットワークを迅速に察知する能力

ここで「コンピテンシー」は「ある職務や状況において、規準に照らして効果的ないしは卓越した業績（パフォーマンス）を生む原因となっている個人の基底となる特徴」（スペンサー・スペンサー、1993年／2001年）等と操作的に定義され、知識やスキルといった認知的側面だけでなく、態度や特性といった非認知側面までを含むことになりました。簡単に言えば、「仕事ができる能力」がコンピテンシーであり、そこに様々な要素が含まれるということです。マクレランドの共同研究者であるスペンサー夫妻は、次の五つをコンピテンシーの要素として挙げ、**図6**のようにモデル化しています。

① スキル：身体的・心理的課題を遂行する能力

図6　コンピテンシーのモデル（スペンサー・スペンサー，2001；図は奈須，2014による）

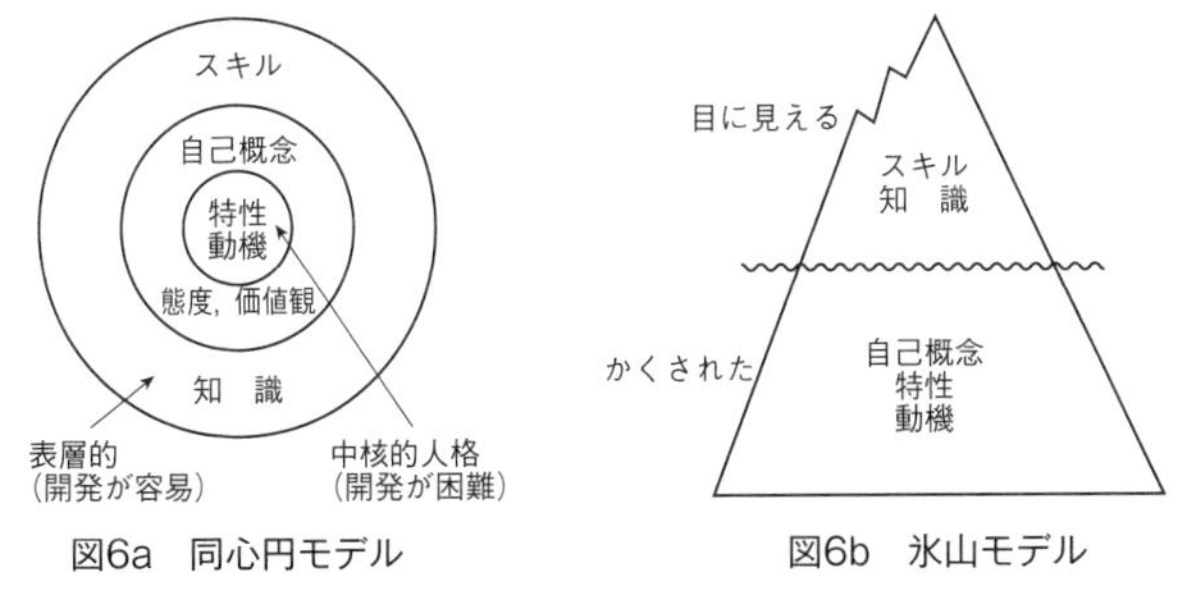

図6a　同心円モデル　　図6b　氷山モデル

② 知識：特定の内容領域で個人が保持する情報

③ 自己概念：個人の態度、価値観、自己イメージ

④ 特性（trait）：身体的特徴、あるいは、様々な状況や情報に対する一貫した反応

⑤ 動機：個人が常に考慮し願望する、行為を引き起こす基礎となる要因

「従来の企業は表層の知識やスキルに基づいて選考・採用を行い、採用後に基底となる動機や特性を開発しようとしたが、[16] 基底部分の開発は難しい。それならば、むしろ望ましい特徴を備えた人材を選考することが簡便

16　大学受験等において「試験得点そのものに意味はないが、得点をあげるために頑張った『粘り強さ』や『適応性』に意味がある」という言説がありますが、それは、表層的な知識・スキルの評価を通した中核的な特性・態度の評価を狙ったものと言えます。

だ」とスペンサーらは考えました。

そこで「コンピテンシー・モデル」が人事評価・選考に使われるようになりました。このモデルは、卓越した業績（パフォーマンス）と平均的な業績の違いを説明する行動を同定しカテゴリー化してコンピテンシーにまとめ、各職務にどのコンピテンシーがどの程度のレベルまで必要かを定めたものです。図7は、テクニカルなプロに求められるコンピテンシーが各々どの程度のウェイトで必要かを示したものです。

以上が「就業能力・就業可能性（エンプロイヤビリティ：employability）」にコンピテンシーが求められる背景となりました。さらに、各国の高等教育におけるコンピテンシー教育（アメリカのアルバーノ・カレッジについて松下、2010年が詳しい）の推進も手伝って、動機や特性等の中核部分も開発できると考えられるようになりました。

こうした考え方に対して、大きく分けて二つの批判がなされています。

一つは、コンピテンシーなどの資質・能力を分割可能で、個人が所有し、いかなる状況でも使えるものと考えてよいのかという批判です（例えば、遠藤、2010年）。

▽先述のコンピテンシー・モデルは、「職務が決まればコンピテンシーは特定の言動で測定・評価できる」という前提に基づいていました。したがって、「管理職のコンピテンシー・モデル」等も会社を超えて使うことが想定されていました。

▽しかし、例えば、マクレランドの研究における外交官の卓越要因を見直すと、これら三つは「新規な状況において、相手が自分と文化の違う者であっても、その言動から真意を推測し、

図7　コンピテンシー・モデル例（スペンサー・スペンサー，2001，p.208）

ウェイト	テクニカル/プロフェッショナルの一般的コンピテンシー
XXXXXX	**達成重視** 業績を測定する 成果を向上する チャレンジングなゴールを設定する 革新を進める
XXXXX	**インパクトと影響力** 事実や数値を駆使して説得する 聴衆に合わせてプレゼンテーションを行う プロフェッショナルな敬意と関心を示す
XXXX	**概念化思考** キー・アクションと背後にある問題を認識する 関連付けてパターンを見付ける
XXXX	**分析的思考** 障害を予想する 理論的に問題を分解する 論理的結論を出す 相関と意味するものを見付ける
XXXX	**イニシアティブ** 問題解決に一貫して取り組む 言われる前に問題に取り組む
XXX	**自己確信** 自分の判断に確信を示す チャレンジと独自性を求める
XXX	**対人関係理解** 他人への態度，興味，ニーズを理解する
XX	**秩序への関心** 役割や情報の明確化を求める 仕事や情報の質をチェックする 記録を付ける
XX	**情報の探求** 多くの異なる情報源にコンタクトする 一般情報を読む
XX	**チームワークと協調** ブレーンストーミングや他人のインプットを求める
XX	**専門的能力** 技術的知識を仕込み使う 技術的な仕事を楽しみ，専門性を分かち合う
X	**顧客サービス重視** 背後にあるニーズを発見しそれを充たす

コミュニティのネットワークを見抜き、前向きな期待を持って、互いがよりよい方向に変化できるように働きかける」という外交そのものに必要な能力―つまり、極めて領域固有な能力―を表しています。[17]

▽DeSeCoプロジェクトの一員であるゴンチも、「問題解決のジェネリック・コンピテンシーのようなものは存在しない。個人は、直面している特殊な問題を解決するという特定の文脈の中で適切な諸属性を結び合わせるにすぎない」(Gonczi, 2003) と述べています。

▽この能力やそれを支える知識、スキルの関係について、8～10節で検討します。

二つは、資質・能力について、就業可能性など経済的・職業的成功の観点でだけ考えてよいのかという批判です(例えば、安彦、2014年・松下、2010年)。

▽特に、教育の目的である「人格の完成」の観点から考えたとき、果たして経済的・職業的要請に応じた資質・能力の育成が、一人一人の主体的な人格の育成―教育固有の価値―とどう関係するのかを検討する必要があるとこの立場は批判します。この問題は、子供たちの態度や価値観などの「深くて柔らかい部分」(本田、2005年)を教育・評価の対象にしてよいのかという問題とも関係します。

▽別角度からの批判として、経済的・職業的成功の観点で考える場合も、果たして既存の企業や職業への適応だけで考えてよいのかという指摘があります。職業や会社の移り変わりの激しさに見るように、「現在の」職業社会への適応は就業時には時代遅れになる可能性があり、

新しく会社を起こし、雇用を創出するという「起業家精神」の観点から考える方向があるということです。

▽経済的・職業的養成と主体的な人格形成の関係、及び挑戦的な進取の気性は、現在の経済社会の観点に拮抗《きっこう》する教育固有の観点になるかという点については、11節で検討します。

8　資質・能力は所有物か、関係性か？

資質・能力は、ある個人が一度身に付ければどこにでも持ち運びができる「所有物」のようなものなのでしょうか？　それとも、状況との関わりの中でしか現れない「関係性」なのでしょうか？

第2章で見たように、DeSeCoプロジェクトの「キー・コンピテンシー」もATC21Sプロジェクトの「21世紀型スキル」も文脈アプローチを推奨していました。その基には、能力やスキルを状況との関わりで捉える見方があります。そこで、本節では、両者が引用している「状況論」を手掛かりに、「能力」や「知識」「学習」といったものの見直しについて検討します。研究としては「知識」を対象としているように見えますが、7節

17　企業の人材管理でコンピテンシー・モデルがうまく働いているのだとすれば、それは、職務によって評価対象の状況が限定されているためかもしれません。それは、学校という場で様々なことを学ぶ児童生徒たちと、条件や目的が大きく違います。

で触れた「仕事ができるとはどういうことか」といった問題にも関係します。

熟達者（専門家や学者だけでなく、労働者や生活者も含む）が何を行っているかを詳しく調べた研究の成果から、「知識」や「学習」に対する見方が変わってきました。

例えば、孤独な営みをしていると思われていた科学者が科学者同士で頻繁に交流し、互いの主張を評価し合い、自分の主張をどのような証拠で支持しプレゼンテーションすればよいかを考えながら、結果的に自分の考えも分野の考えも前進させていることが見えてきました（ダンバー、1995年／1999年・ラトゥール、1987年／1999年）。それに連れて、科学的な知識を「世界についての言明と言明に適用できる論理操作の総体」と見るような見方から、「モデルや説明原理の深い知識に裏打ちされた、『科学する（doing science）』ことに関する理解」（Sawyer, 2014）と見る見方へと変わってきました。

職場の日常研究からも、人が単に「頭の中の知識」だけを使って働いているのではなく、周囲の事物を巧みに記憶の助けにし[18]、ICTを使って情報を収集し、同僚とコミュニケーションしながら、一人では解けない問題を解き、新しいアイデアを出していることが見え

18　熟達したバーテンダーは、色の違うグラスを並べることで、何種類ものカクテルの注文を「覚える」ことができるため、作業中に別の計算などの作業をさせられても記憶成績が落ちません。しかし、グラスの色をいつもと違うものに変えられると、成績が落ちてしまいます（Beach, 1988）。外的・物理的な環境と一体となって「記憶」がなされていることが示唆されています。

表2　知識と学習に関する二つのメタファ（Sfard, 1998, p.7）

	獲得メタファ	参加メタファ
学習のゴール	個人の知識を豊かにすること	共同（コミュニティ）を作ること
学習	何かを獲得すること	共同体の参加者になること
児童生徒	知識の受領者，消費者，再構成者	共同体の周辺的参加者，徒弟
教師	知識の提供者， ファシリテーター，調整者	熟達した参加者， プラクティスや談話を継承する者
知識，概念	所有物，専有物，商品（私的，公的）	共同体でのプラクティス，談話，活動
知ること （knowing）	持っていること， 所有していること	共同体に属し，参加し， コミュニケーションすること

てきました（ハッチンス、１９９０年／１９９２年・ソーヤー、２００７年／２００９年）。

そこから、「頭の中の静的な心的表象」としての「知識」よりも、「仲間や道具が使える環境の中で、実際に適用すべき対象が目前にあるときに生きて働く過程」としての「知っていること」が重視されるようになりました。これが「状況的認知論」や「社会的分散認知論」と総称される考え方の一つの骨子です。

それに連れて、学習も、事実等の知識を頭の中に移すことだと考える**「獲得モデル」**に加え、知識を使うべき状況に参加し、その中で実際に機能するメンバーになる過程だと考える「正統的周辺参加論」などの**「参加モデル」**（レイブ・ウェンガー、１９９１年／１９９３年）が生まれてきました。

サファード（Sfard, 1998）は、**表2**のとおり、知識を心の中の容器に入る「物」としてイメージする**「獲得メタファ」**と、状況における他者や事物との「関わり」としてイメージする**「参加メタファ」**の二つがあると整理しました。メタファとは、日本語で「比喩、たとえ」のことで、私たちの思考を左右する根底的なものの見方のことです。例えば、「習ったことが『頭に入る』」という表現もメタファです。

表2に見るように、獲得メタファでは「知識を受け取ったり構成したりしながら豊かにしていくこと」が学習になりますが、参加メタファでは「共同体の熟達者や先輩から手ほどきを受けながら、そこでの活動の仕方や語り方を身に付けて、一人前のメンバーになっていくこと」が学習になります。7節で検討した「仕事ができること」も、獲得メタファでは「仕事を成し遂げる能力を持っていること」ですが、参加メタファでは「その仕事現場の共同体の一員として参加できること」になります。

この整理のユニークな点は、知識の注入主義と言われる「伝達モデル」も、学習者に構成させる「構成モデル」も、どちらも「知識を物として獲得させる」ことをゴールとしているという理由で「獲得メタファ」にまとめた点です。そうすることによって、「参加メタファ」の独自性が際立ちます。参加メタファに従えば、授業も「仲間と交わり」「ものやことと関わる」ものとして構想しやすくなります（ブラウン・コリンズ・ドゥーグッド、1989年／1992年）。諸外国の教育課程の基準に「学習活動」が含まれやすい背景も、この観点から理解することができます。つまり、理科の知識を豊かにするためだけに学習活動があるのではなく、理科におけるプラクティス[19]そのものを学んでもらうために科学的な学習活動が導入されている面があるのです。

獲得メタファには、学んだ状況に関わりなく獲得される「物」として知識を捉えてしまうことで、かえってどういう状況に転移できるのかが説明しにくくなってしまう欠点があると、サファードは言います。さらに、知識を「所有物」「専有物」と見てしまうことで、金銭と同じように獲得競争が生まれてしまい、個人間の「点数競争」が協働を妨げ、民主的な社会が作りにくくなる欠点があるとも指摘しています。

一方で、これらの問題をクリアする参加メタファにも、人が様々な状況を超えて有能にふるまう過程を説明しにくい欠点があり、「知識」を想定する必要は依然あると指摘しています。したがって、この二つのメタファは、適宜使い分けるとよいのではないか、というのがサファードの提案です。[20]

さて、「資質・能力」をこの二つのメタファに照らして考えてみましょう。そうすると、獲得メタファによれば資質・能力も「所有するもの」になり、参加メタファによれば特定

19　福島（2010年、100頁）は、「プラクティスは、『実践』と訳されると何の事かよくわからなくなる…が、複雑な含意を持つことばである。辞書を引けばわかるように、これには『常習的行為、習俗、実践、練習、実務、常套手段、訴訟手続き、儀礼』といった訳語が並んでおり、その基礎には、日常的に『反復的』に使われる実務的行為という意味がある。だからこれはむしろルーティン、あるいは慣習的行動と訳されるべき単語である」とまとめています。このまとめに従えば、「実践共同体」と訳されがちな「コミュニティ・オブ・プラクティス」も「(同じ）プラクティスを共有する共同体」という意味になります。

20　サファードの分類では、知識の注入主義と言われる「伝達モデル」も学習者に構成させる「構成モデル」も獲得メタファに分類されていました。しかし、世界的にまだまだ伝達モデルから構成モデルへの変容が起きていない現状に照らせば、両者の区別は依然意味があると考える立場もあります（例えばソーヤー、2009年）。

の状況や共同体の中で「機能すること」になります。こう考えると、なかなか両者に共通点が見いだしにくくなりますが、二つを融合する見方はないのでしょうか？　それを９節で検討します。

9　資質・能力と知識創造との関係は？

資質・能力を「状況との関係の中で現れるが、本人がそれを意識・自覚することで、違う状況にも『持ち出せる』ようになるもの」等として考えることはできるのでしょうか？松下は、キー・コンピテンシーを「道具を介して対象世界と対話し、異質な他者とかかわりあい、自分をより大きな時空間の中に定位しながら人生の物語を編む能力」だとまとめ、その能力は「（対象世界や道具、他者との）関係の中で現出するものでありつつ、個人に所有されるものでもある」（松下、２０１０年、２２頁）と指摘しています。このような融合的な見方を支える学術的な考え方はあるのでしょうか？

資質・能力そのものではありませんが、知識について同様の見方を取るのが**「知識創造モデル」**です。このモデルは、２１世紀型スキルの根底にも位置付けられています（スカーダマリアら、２０１２年／２０１４年）。８節の獲得・参加メタファとの対比で、**知識創造モデル／メタファ**をまとめたPaavola, Lipponen & Hakkarainen（2004）を紹介します。

Paavolaらは、獲得メタファと参加メタファの二つでは、知識は個人の頭の中にしかない静的な存在か、他者や環境との関係の中にしかない動的な過程かのどちらか一方になると考えました。そこで、その二分法に陥らないように、第三のモデルとして「知識創造モデル」を提案しました。このモデルは、現実の知識創造機関（トヨタなど）の分析を行った野中・竹内（１９９６年）の「知識創造モデル」、教育現場における実践も対象にしたエンゲストロム（１９８７年／１９９９年）の「拡張的学習モデル」、知識創造的な教育を実践したベライターとスカーダマリアの「知識構築モデル」（Bereiter, 2002、スカーダマリア・ベライター、２００６年／２００９年）の共通点を探り、次の7点にまとめています。

① **「新しさ（newness）」の追求**：既存の知識、技能、プラクティス等を超える「新しい何か」が目指される。
② **心身二元論を超える媒介要素**：デカルト的な心身を二分する考え方に陥らないように、外界の物の世界と一人一人の心の世界とを媒介する「みんなで作り上げる公共的な知識の世界」が想定される。さらに、この公共的な知識空間の改善のために、現状への「疑問」や「問い直し」が重視される。
③ **社会的な過程として知識創造**：知識創造は、人と人との間の建設的な相互作用によって可能になると想定される。
④ **知識創造に対する個人の主体性**：知識が社会的な過程から生まれるとしても、各個人の直観

や暗黙知、疑問、努力、粘り強さも極めて重要な役割を果たすと見る。

⑤**命題的・概念的知識を超える**：言葉にできる理論的知識を実際に使って身体化することや知識創造の「見込み」を感じるセンスの獲得が目指される。

⑥**概念化や概念的人工物の重視**：個人の身体化された知識や感覚が大事だとしても、それを概念化し、批判吟味できる対象（人工物）にすることが推奨される。

⑦**共有物をめぐる相互作用や共有物を通した相互作用**：人と人との相互作用は共有するオブジェクト（製品や作品、アイデアなど）をめぐってなされる。その結果がまた共有物となり、それを通して相互作用が続いていく。

知識が他者（右記③）や事物（⑥⑦）との相互作用で生み出されるとする点で、参加メタファの考えをとっています。同時に、個人のアイデアや「自分事」となった知識（④⑤）を重視する点で、獲得メタファの考えも含んでいると言えます。さらに、その活動全体が「新しさ」（①）を目指し、公共と個人の空間を「行き来」しながら行われる点（②）が、従来の二つのメタファにない点です。**自分一人でなく、周りの人の力も使って、終わらない知識創造に「前向きに」挑み続ける**ところが、このモデルの一番の力点です。

知識は、確かに状況の中で生み出されるのですが、そこで生み出された知識は個人が自分のものにでき、新しい状況に持ち込んで使えるものになります。知識は通常、獲得メタファに従って頭の中にあるものと思われがちですが、特許や引用（クレジット）という知的財産の概念があるように、外的な「物」として扱うことも可能です。各々の個人的な知識を持ち寄って対話の中から生まれたアイデアや知識を「物」として扱い、そこから各自が自分の「取り分」を持ち帰る過程をイメージすると、知識創造モデルが理解しやすくなります。

その点で、知識創造モデルは、**自立と協働を繰り返すことで自分にとっても共同体にとっても新しい価値が創造[21]される**と考えるモデルだと言えます。

知識創造モデルにおいて、資質・能力（例えば21世紀型スキル）は、知識創造を可能にする手段（enabler）として位置付けられます（スカーダマリアら、2014年、103~105頁）。それと同時に、知識創造過程に従事することで、自分の「学び方」や「知識の作り方」自体を磨いていくことも可能になります。それによって、これまでは一部のエリートのものでしかなかったような**「知識を使って、知識を生み出し、建設的に考えることができる資質・能力」が万人のもの**になります。

知識創造モデルで考えると、7、8節で検討した「仕事ができること」は、「状況の中に自分の知識を持ち込んで、事物や仲間と関わりながら成果を出しつつ、その成果から自分が使える知識を見付けていくこと」になります。

21　ここでの「創造」は、必ずしも自然環境を破壊するような「開発」を意味するものではありません。環境問題を制御するような解や仕組みの提案も「創造」に含まれます。

したがって、知識創造モデルにおいて、松下（２０１０年）が述べるような「関係の中で現出するものでありつつ、個人に所有される」直接的な対象は知識ですが、「知識を使ったり生み出したりする各個人の資質・能力」も他者や事物との関係で使われ、なおかつ自分なりに磨かれていくものだと捉えられます。知識創造モデルで考えると、知識を創造する活動を通して自らも「知の作り手」となることが、「知を作る」という資質・能力の育成につながることになります。

１０　熟達者の資質・能力とは？

ここで熟達者の資質・能力について再度検討してみましょう。３節では、熟達者の強みが質の高い知識にあること、４節では、熟達者がその知識を関連付け統合することで得意分野に関する「認識論（ものの見方・考え方）」を身に付けやすいことを見てきました。その熟達者の認識論に、分野を超えた一つの共通点があります。それは「社会的なものであることが多い」という特徴です。

熟達者が関わる分野は、どこにでも社会的なコミュニティ（共同体）があります。時間を掛けて、みんなで解くべき問題を同定し、考え方を共有・吟味し、問題の解き方や、より適用範囲の広い考え方や知識、理論を構築してきたわけです。その中で、反論は「いやなもの」ではなく、知識を精緻《せいち》化するために不可欠のものとなり、証拠に基づいて判断する手続（適正手続：デュープロセス）が尊重され、新しい問題や解法を発見・共有することが評価されることになりました。

つまり、熟達者は日々知識創造の共同作業に携わっていると考えられます。その知識創造経験の中から認識論─広くは「知識観（知識はどういうものか）」─を獲得するので、社会的な認識論を持ちやすくなるのです。

▽知識の見方についての様々な段階論─例えば、Kuhn (1999) の「真実主義」「絶対主義」「多面主義」「評価主義」的な知識観や、Bereiter & Scardamalia (2005) の知識の「個人所有物」「外界の真実反映物」「改善可能な公共の人工物」的な見方など─も、高次な段階は「知識は社会的に創ったり創り替えたりすることが可能なので、みんなの知性が不可欠なのだ」という見方が共通しています。

逆に、**知識を社会的に創造できるものだと考え、その過程に従事するからこそ、知識の質が高まるという相乗効果がある**のです。知識を単に「頭に入れる物」と見るのではなく、熟達者のように自ら「活用して創造できるもの」と見る見方を取ることができること、さらに、だからこそ知識創造には終わりがないことを理解し実践できることは、知識基盤社会における資質・能力の重要な要素になるでしょう。

ここまで考えると、6節のまとめを次のように書き直すことができます（波線部が追加・修正部分）。

① ある対象を学ぶスタート時点では、その対象の内容（知識）と資質・能力を分けて考える。前者を新しく学ぶために、後者を使って「他者や事物と関わり合う」学習に従事する。
② 学習が進むにつれて、その対象が子供の中の「生きて働く知識」となり、資質・能力の支えや重要な要素となってくる。同時に、その知識の身に付け方＝学び方も資質・能力の支えや重要な要素となってくる。
③ この内容知と方法知とが融合した資質・能力が、更に高次な学習のスタートに使われる。

より具体的なレベルで、知識基盤社会における知識創造と日本の教育における資質・能力育成との関係について考えてみましょう。例えば、知識創造の観点から左記を見ると、言語活動の充実を巡って、思考や学習がコミュニケーションの中に位置付けられていることが見えてきます。つまり、アの「事実等の正確な理解や伝達」がイの「自分や集団の考えの発展」の手段として位置付けられていると見ることができるでしょう。

文部科学省報告「言語活動の充実に関する指導事例集」［高等学校編］（２０１０年１２月）

各教科等の指導において論理や思考といった知的活動を行う際、次のような言語活動を充実する。

ア　事実等を正確に理解し、他者に的確に分かりやすく伝えること

(i)事実等を正確に理解すること

(ii)他者に的確に分かりやすく伝えること

イ　事実等を解釈し説明するとともに、自分の考えをもつこと、さらに互いの考えを伝え合うことで、自分の考えや集団の考えを発展させること

(i)事実等を解釈し、説明することにより自分の考えを深めること

(ii)考えを伝え合うことで、自分の考えや集団の考えを発展させること

さらに、イの語尾に下記のように「〜ができるようになること」と追加することによって、知識創造モデルで重視されるような資質・能力目標になることが分かります。

▽「自分の考えを持つことができるようになること」

▽「その考えを伝え合うことができるようになること」

▽「自分の考えや集団の考えを発展させることができるようになること」

ここで「事実等の正確な理解や解釈、説明とそれに基づいた自分の考え」を一種の「知識」と見ると、知識創造の過程―知識を発展させる過程―と似てきます。つまり、言語活

動を通して考えを発展させる経験は、知識創造と極めて近いのです。

上記を熟達者の知識創造と似た過程と見れば、学習についても示唆が生まれます。まず、アから順にできるようにしていくと、イができるようになるわけではないこと、むしろ、イを抜きに学習していると、子供は「何のためにアが必要なのか」が分からなくなること、逆に、考えの発展のために事実等の正確な理解などが必要だと分かれば、**両者が有機的に結び付いて、一層学習が進む**ということなどです。

11　資質・能力と人格の関係は？

ここでは、7節で提示した資質・能力と経済的・職業的成功の観点との関係、及び、教育・評価の対象と態度・価値観などの関係について検討します。

キー・コンピテンシーはOECD（経済協力開発機構）、21世紀型スキルはシスコ、インテル、マイクロソフトなどの民間企業が関係しているために、経済社会的な観点が強いとよく言われます。しかし、キー・コンピテンシーの中核に「個人が環境からの期待のとりこにならないための反省性（reflectivity）」が位置付けられ、21世紀型スキルと密接に関係する知識創造モデルで社会の現状への問い直しや批判が重視されていたように、社会への適応だけではなく、社会を対象化し、それを主体的に再構成する視点が含まれていることが見て取れます。

図８　私教育と公教育の区別（安彦，2002，p.17 より）

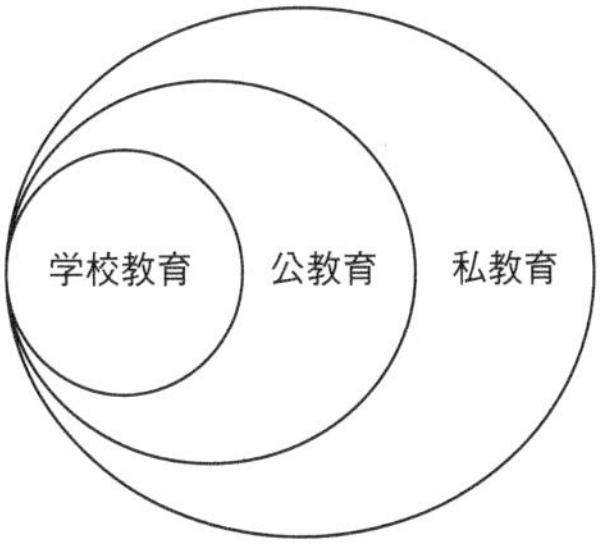

教育
- 私教育（個人的に行っている教育）：家庭教育・私塾・予備校・生涯学習
- 公教育（中央・地方の行政機関＝公権力が責任をもって法的制度として運営している教育）：学校教育（幼稚園・私立学校も含む）や社会教育・生涯教育

それでも上記の批判がなされる背景には、安彦（２０１４年）が「能力は人間にとって『手段』にしか過ぎない。幾ら手段を優れたものにしても、それを使う主体・人格が優れていなければ、社会的には正しく生かされない。望ましい主体を形成することこそが教育本来の『目的』であることを忘れてはならない」と述べるように、公教育、特に学校教育の目的に表されるような「教育固有の価値」があるからでしょう。

安彦（２０１４年）はさらに、教育の最大の目的は、本人にとっての「自由の拡大」であるため、本人が自由になるために能力は使われるべきだと主張しています。その考え方に基づいて、人格的側面を「資質」とし、主体的な人格に使われる道具的側面を「能力」と区別して定義することを提案しています。

安彦（２０１４年）は、教育は学校等で行

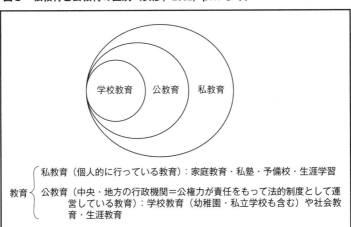

われる公教育だけでなく、家庭・地域等で行われる私教育も含めた総体としてなされるべきだという点にも、注意喚起を促しています（61頁の図8）。これは、後述しますが、資質・能力教育を考える場合にも、子供を主体として、子供自身が様々な学習機会を関連付ける視点が欠かせないことを示唆します。

以上の安彦（2014年）の指摘は、公教育の二つの方向性を示唆しています。

一つは、人格＝資質は教育全体で形成していくべきであり、公教育は専ら能力形成に主眼を置くべきだとする考え方です。

▽その極端な形の一つが「脱学校論」でしょう。例えば、ベライター（1975年）は、学校教育は「基礎技能の訓練」と「子供の世話」の二つだけに特化し、両者を融合した「理想の人間」の育成という「教師の手に負えない仮構上の仕事」は引き受けない方がよいと論じています。その背景には、理想の人間像は、まず保護者、ひいては（人きくなったら）子供自身が考えることであって、それを国や教師が押しつけるのは「個人の自由」に対する侵害だという考え方があります。

▽極端でない形としては、人格形成を学力[22]形成の「外に」置き、学力をどう使うかを人格でコントロールするというものです（安彦ら、2013年）。その場合、学校教育から、人格形成の基礎となる教育内容や学習経験の提供は許されても、いかなる人格を形成すべきかについてまでコントロールすることは許されません。学校で培うべき学力と教育全体で育むべき

人格の上下関係が転倒するためです。したがって、態度や価値を含め、特定の人格に関わる学校の教育目標は掲げないことになります。

もう一つは、人格＝資質に関係するような態度や価値は学校教育で教えられる――少なくとも提供できる――とする考え方です。

▽例えば、安彦（２００２年）自身が人格を「周囲に対して自分の心身をどう用いるか、自己超越の目をもって、価値意識のもとに自由に決断するもの」と定義したように、「自己超越の目」を育てるために、例えば「視点を変え、物事を多面的に見て、自分を相対化できる力」の育成が役立つと考えることもできます。それを教育で具現化しようとしたのが、安彦（２０１４年）自身の自己評価・自己吟味能力を核とする「自己（能力）制御型」の教育です。これは、創造的なことなら何でも認めるという「自己（能力）開発型」教育に対比されるものです。そこで育成される自己制御型の学力は、自己や社会の在り方を問う点で、自分が絶対に正しいと思わずに相対化できる力や、現在の社会の在り方を問い直す批判的思考力を含みます。[23]

22 ここでは「学校で育まれる何らかの力」と広義に捉えます。

23 これを市民生活に適用すれば、現実世界の諸課題を批判的に読み解き、意見を表明し、自分たちの権利を世界に書き込む市民教育になり（cf.「子どもの権利条約」）、環境問題に適用すれば、ＥＳＤ教育になります。

二つの方向性に共通する重要な点としては、「能力の使い方」に関する教育がどこかで行われなければならないこと、したがって、「資質・能力」と一体化したモデルを構想する際も能力の使い方や能力に対する反省的・批判的態度を要素として含んでおくべきこと、そして、価値に関わる学習をもし行う場合でも、それを押し付けるのではなく、児童生徒が主体的に価値を吟味し、自ら判断する余地が残されていなければならないことです。

また学校外の教育を詳細に調べた最近の研究から、子供たちが学校内外で学んだことをつなげる機会があった方がアイデンティティの形成も進むことが示唆されています。

経済的・職業的成功の観点で資質・能力を考える考え方への別角度からの批判として、果たして既存の企業や職業への適応だけで考えてよいのかというものがあります。「2011年度にアメリカの小学校に入学した子供たちの65％は、大学卒業時に今は存在していない職業に就くだろう」[24]という推計があるように、「現在の」職業社会への適応は就業時には時代遅れになる可能性があります。「半数以上の職業がなくなる」ということは、逆に半数以上の職業が新しく作られることを意味します。その点で、新しく会社を起こし、雇用を創出するという「起業家精神」の観点から批判が加えられることになるのです。

柳原（2013年）は、**図9a**のように教育が経済成長につながる「3E」のモデルを描いています。これを**図9b**の順序と比較すると、その意図が明確になります。つまり、**図9b**のように教育が雇用の準備となり、そこで十分な経験を積んだ一握りの者だけが起

図9　3E モデル（柳原，2013，p.11 修正）

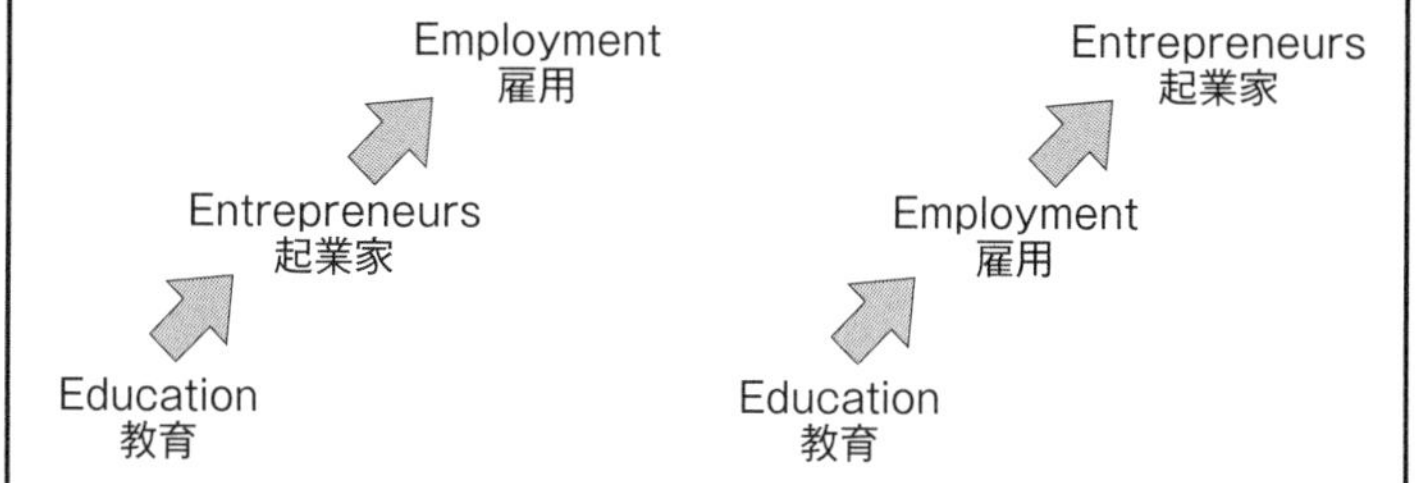

図9a　3Eのオリジナルモデル　　図9b　対照的なモデル

業する流れではなく、図９ａでは教育が一人一人の起業につながる力を生み、起業が周囲の者に雇用を生み出す流れが表されています。過疎の町でも都心でも、子供たちが進取の気性や起業家精神を身に付け、現在の大人が作る社会を超えていってほしいという願いが、企業側にもあるのかもしれません。この主体性が先述の社会の問い直しと結び付き、よりよい未来の社会作りにつながっていけば、教育固有の観点と経済社会の観点が融合することになりそうです。

12　評価の観点から見た資質・能力とは？

最後に、「評価」の観点から資質・能力について考えてみましょう。

24　http://opinionator.blogs.nytimes.com/2011/08/07/education-needs-a-digital-age-upgrade/?_php=true&_type=blogs&_r=1

評価は当初、「ビネーテスト」のように知能を測る知能テストから始まりました。これは、軍隊で働くことができる青年を選抜することなどに利用されましたが、教育現場に使われることで、個人差の絶対視につながる欠点もありました。つまり、年齢に応じた知能がどの程度あるか（知能得点）が本人の「持ち点」と見なされてしまう欠点です。

次に、行動主義者が行動を測るようになりました。これは、知能テストに比べ、「個人が学習によって変わることができる」という学習可能性を認めた点で一歩前進でした。しかし、教えたいことを測定可能なスキルに分割し、それをスモールステップで「完全習得」させることが教育だという形で、教育をわい小化した欠点がありました。

その後、認知主義者が知識を測ろうとしました。これは、個人の学習可能性を認めつつ、柔軟な行動の源泉となる「心」の状態を推察しようとした点で、大きな前進でした。しかし、教育現場が心を「容《い》れ物」と見て知識をそこに「詰め込むもの」と捉える知識観（本章8節の「獲得メタファ」）に縛られている場合は、知識伝達・注入主義による教授を招きやすい欠点がありました。

そこから、人が特定の文脈において、そこで見いだした問題に対して、知識や技能を総動員し、感情や態度などの非認知的な要素に支えられながら、解決に取り組む過程を支援し評価するための目標が求められるようになりました。それが知識基盤社会の要求―非定型的・創造的で多様な解を求める課題の増加―とも相まって、「資質・能力」という新しい教育目標の提案につながってきたわけです。

さらに、知識や学力の見直し、及び学校評価等の流れが合わさり、学習者個人の評価だけでなく、「協働的な」学力、更には学習環境を評価すべきとの見方も生まれてきています。本章5節で触れたように「コンピテンス」が学習者全てに内在しているのであれば、それを引き出せていない原因は学習環境の側にあるのではないかという見方です。

それゆえ、これらの教育目標の根底には、知識の社会的な構成性や能力の状況性を認める視点があります。教育目標への注目に比べて、このいわゆる「文脈的アプローチ」は余り脚光を浴びていません。文脈的アプローチが受容されにくい原因を同定し、あるべき教育と評価に向けて、**資質・能力目標を戦略的に活用していく一体的な構想**が必要なのでしょう。

13 まとめ

―資質・能力とは？

資質・能力の定義は、それをどう見るかと関係して複雑なものにならざるをえません。しかし、ここでは今まで議論してきたように教育の質を向上させようとする観点から、簡単にまとめておきましょう。既に見たように、複数の側面から定義できます。

○資質・能力＝学び始めには学習に使う手段、学び終わりでは学習内容も含み込んだ次の

学習のための手段。したがって、方法知でありつつ、内容知も含み込んだもの
○資質・能力＝知識の質向上のために必要不可欠な手段かつ目標。「手段」とは、知識の質を上げるために資質・能力を使うことが必要不可欠であること、そして、「目標」とは、質の上がった知識やそれらを統合したものの見方・考え方、知識を仲間とともに作り替えられるという態度等を含み込んだ資質・能力が目標となることを意味する。
○資質・能力＝「資質」を中心に人格（価値・態度等）に関わるもの（なお、この際、価値を教えて子供の「資質・能力」に組み込むか、あるいは、価値は学ぶ対象にしておいて、その受容は子供の判断に任せるかは重要な検討課題）。

以上より、資質・能力を学び終わったときに（人が学び終わるときはないでしょうから、飽くまで仮の姿ですが）身に付くものと想定した場合には、「知識だけではなく、スキル、更に態度を含んだ人間の能力」等と広義に定義されます。行政用語としての「資質」が「能力や態度、性質などを総称するものであり、教育は、先天的な資質を更に向上させることと、一定の資質を後天的に身に付けさせるという両方の観点をもつものである」（田中、2007年）とされているのは、この広義の資質・能力に類似すると言えます。一方、手段として考えた場合は、知識等と区別される「学びの手段」や「学ぶための力」等と狭義に定義されます。

問題は、いかなる資質・能力を学びの手段として位置付け、学校教育の中での現実的な

達成目標として見定めるかです。これについては第4、5章で検討しますが、本章の議論からでも、三つの要件が浮かび上がっています。

▽一つは、「知識の質を上げること」と「知識の質を上げる学び方」の両方を実現できるものであること

▽もう一つは、子供の主体性（自由の拡大）を保障しつつ、価値等の側面に迫るものであること

▽最後に、上記の両者が結び付く形の教育を可能にするものであること

これらは当然、広義の資質・能力の一部でしかなく、学校教育の中で、社会の要請と教育固有の価値、そして資質・能力教育の実践研究を踏まえて、特に育成すべき資質・能力を検討していくということになります。

14 「育成すべき資質・能力に対応した教育目標・内容」との関係は？

文部科学省の「育成すべき資質・能力を踏まえた教育目標・内容と評価の在り方に関する検討会」では、その論点整理（平成26年3月）において、次頁の囲みのような検討を行っています。

育成すべき資質・能力に対応した教育目標・内容について

・現在の学習指導要領に定められている各教科等の教育目標・内容を以下の三つの視点で分析した上で，学習指導要領の構造の中で適切に位置付け直したり，その意義を明確に示したりすることについて検討すべき。ア)～ウ)については，相互のつながりを意識しつつ扱うことが重要。

ア）教科等を横断する汎用的なスキル（コンピテンシー）等に関わるもの
①汎用的なスキル等としては，例えば，問題解決、論理的思考，コミュニケーション，意欲など
②メタ認知（自己調整や内省，批判的思考等を可能にするもの）
イ）教科等の本質に関わるもの（教科等ならではの見方・考え方など）
例：「エネルギーとは何か。電気とは何か。どのような性質を持っているのか」のような教科等の本質に関わる問いに答えるためのものの見方・考え方，処理や表現の方法など
ウ）教科等に固有の知識や個別のスキルに関するもの
例：「乾電池」についての知識，「検流計」の使い方

前節までの議論に照らすと、上の囲みのイ)が教科等の本質に関わるものの見方・考え方（＝認識論）でありビッグアイデア等を総合的に包含したもの、ア)①が狭義の資質・能力に相当するものと捉えられます。さらに、明示はされていませんが、ア)の②やイ)などを全て一体化して広義の資質・能力が成立すると考えられます。

加えて、「ア)～ウ)については、相互のつながりを意識しつつ扱うこと」というメッセージが重要です。その理由は、既に述べたように、ア)①のスキル等がウ)のような領域固有の知識とは無関係に、それだけを独立して教えることが難しいこと、及び、ア)②のメタ認知がイ)やウ)の知識・技能の学習をベースとして働くことです。

第4章

なぜ21世紀に求められる資質・能力を育成することが必要なのでしょう?

２１世紀には、正解の定まっていない課題に答えを自ら作り出していく力が求められます。その力を養うためには、子供たちも学校や教室で一人一人自分の考えを持って、仲間と協働して答えを創造する経験を豊かにすることが望ましいでしょう。その経験は単に答えを覚えるのではなく、なぜその答えでよいのかなど、「意味」や「理由」を考え吟味する機会になります。意味や理由まで考えて納得したことは長い間覚えていられますし、使いやすい知識になっているので、未来につながります。同時に、どのような答えや解決策が良いのかを話し合う経験は、他者の大切さを知り、多様性の大事さを感じることを通じて、豊かな人間性を形成することにつながるでしょう。これは、「知・徳・体」を一体化させた教育、さらに、「確かな学力」の三要素も結び付けた教育の一例になります。

本章の1節と2節では、「知・徳・体」、あるいは学力の三要素を一体化させる教育（授業）のイメージをつかみ、その教育に資質・能力（コンピテンシー）ベースで考えることがどう役立つかを検討します。３節以降は、それに役立つ学習モデルを吟味し、資質・能力目標の整理につなげていきます。

1　「知・徳・体」をいかにつなげるか？
―分業モデルを超えて

日本の教育課程は、伝統的に「知・徳・体」のバランスと調和を重視してきました。これは日本の学校教育の強みであり、これからの社会を生きる力を育む上でも大切です。ただし、これは理論的な分類であり、それをそのまま実践に適用してしまうと、「知は教科で」「徳は道徳や特別活動で」「体は体育で」などと分業化が促進され、知・徳・体の一体的・総合的な育成が困難になってしまいます。実際には、各教科の目標には知的な面とともに心情や態度に関する目標が盛り込まれており、心の教育の中心となる道徳や特別活動では思考力や判断力の育成も重視されています。また、体育の目標には、知・徳・体それぞれの視点が示されています。学校における教育実践は、知・徳・体を育成する視点が相互に関わり合う中で生み出されていくものです。

▽平易に言えば、体育や音楽、道徳で存分に考えたり、算数で体を使ったりするなど、学ぶ内容（対象）が知・徳・体に分かれて見える場合でも、学ぶ方法（過程／手段）は三つをクロスするものであってよいということです。

▽また、生きる力を身に付けるためには、生き方について考える必要がありますが、これをキャリア教育だけに任せるのも、典型的な分業です。歴史を学んでも、理科や技術を学んでも、常に「いまの社会の在り方や科学技術の活用の仕方は、人類のよりよい生き方を実現するものになっているか」等と考える教育があってよいでしょう。

「21世紀を生き抜く力は、分断よりも統合や総合――『つなぐ』こと――から生まれる」――そのような統合的なアプローチの実現に留意して、我々は21世紀に求められる資質・能力を整理していくことにしました。

子供たちの資質・能力が存分に生かされて知・徳・体が一体化する授業とは、どのようなものなのでしょうか？　まずは知・徳・体がそれぞれ十分に育まれていないと調和も難しいのでしょうか？　それらが一体化する授業を小学校・中学校・高等学校について考えていく前に、こうした授業がとても小さな子供からできるらしいということを示すため、保育園児が遊びから多くのことを学んだ実践例を紹介します（囲み４―１）。

囲み４―１：保育園児のボール遊び

チリ取りにボールをのせた遊びがいつしか人数が増え、赤白分かれた競走に。ところが赤組は三、四歳児併せて４人、白は五、六歳児のみ１１人。「これでいいの？」と保育者が何回聞いても全員「よい」というので（保育者は赤組に入り）、赤５人、白１１人で試合開始（図１）。

赤組は深く大きなチリ取り、白は浅いチリ取り。「ボールを手で押さえてはいけない」「旗の代わりに置いたタイヤをまわってくる」という二つの約束ができて、順調にやり出した。白の方は三番目に走った秀雄が途中でボールを落としてしまったけれど、赤組は五人目の保育者までいって、早くもバンザイ。

「勝った！」の声に、白の子供は誰がと言うこともなく秀雄の方に詰め寄り「秀雄君のせいだぞ」「ボール、落としたから負けたんだぞ」女の子も秀雄を責め、園庭の物置の陰まで押して、泣く秀雄に「責任をとれ」「お前がいなければ勝ったんだぞ」と言います。①

そこで、秀雄を赤組にすることを提案（図2）②。すると口をとがらせていた年長児もやっと落ち着き、第二回。ところがまたしても赤組が断然勝ち…白組の終わりに並んでいる三人ぐらいはやる気を失いかけています。

そのとき「赤組はズルイ」の声。思わず「どうして？」と聞くと「だってさー、赤組には先生が入っているんだもの」そこで保育者は白組に入って三回戦。やはり赤組が勝ち、「ヘンだなー」

美保子の「赤組は少ししかいないからすぐ勝つんじゃない」の発言と同時に、白組の子供が二、三人さっと人数を数えだします。皆が興奮しているのでゴチャゴチャ動き、どうにもなりません。赤白、一列にしゃがんで並び、「白は11人よ、赤は5人」とようやく。「あんた赤へ行きなさいよ」「おまえ行けよ」弱いメンバーが押され、偶然3人赤組へ。

四回目、「がんばろうぜ」とうとう白が勝ちました。「バンザーイ」抱きつくようにして喜びますが、赤の方に行かされた子供は浮かぬ顔です。

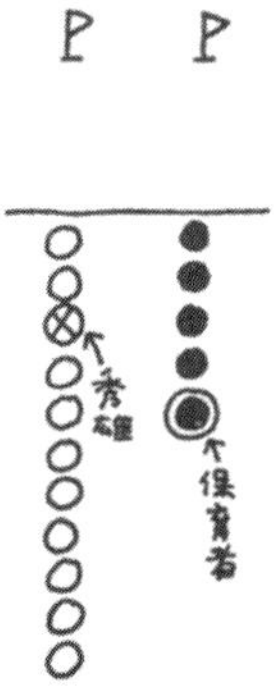

図1

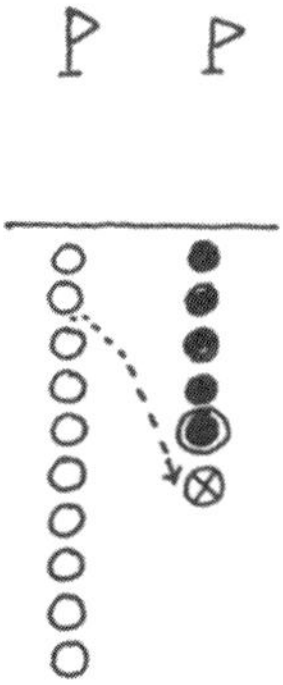
図2

赤組の子供たちの意向などお構いなく、「もう一回やろう」五回目、六回目も白が勝ち。「明日もやろうぜ」

お昼寝に入る前、椅子に腰かけさせ、図を模造紙に描いて見せながら話合いを始めました。一回目の競争から、自分たちのしてきたことを丹念に掘り起こし、話を進めます。

1) 秀雄君がボールを間違って転がしてしまったために白組が負けたのか？ 保育者が赤組にいたから白組は負けたのか？

園庭で夢中になっていたときは分からなかったのが、ここでは、「違う、白組が人数が多かったから負けた」と全員がすぐに理解します。「あのときみんなで秀雄君にどうしたかな？」「みんなでいじめて秀雄君のせいにしたけど違っていたことが分かって、何だか気持ちが悪い」「へんな気持ちがする」「秀雄君に悪いと思う」「私、何だか秀雄ちゃんに謝りたくなっちゃった……。秀雄ちゃんごめんね」子供たちは皆自分たちのとった行為を率直に認め、自分から謝りにいきました。秀雄は照れくさそうではありましたが、…大変うれしそうでした。③

(中略：2)がちり取りの条件、3)が動いているものが数えにくい話)

4) 人数が同じになったのに今度はなぜ白組ばかり勝ったのか？

このテーマでは、赤組の三歳、四歳児のメンバーと、自分の意志とは無関係に赤組に行かされた友達のことを強調しました。敏雄「ぼくは行きたくなかったの」「私もイヤって言ったけど、美保ちゃんが駄目って怒ったの」命令をし、威張っていた子供たちは困惑した表情で友達と保育者の表情を伺っています。

ここで、改めて強者と弱者について、友達の中に悲しい、寂しい思いをもつ者がいて、楽しいゲームができるだろうかを問いかけてみます。美保子「でも赤組は小さい子ばっかりだから、半分（＝赤白同数）にすれば白組が勝つにきまってる」④…

「あのね、ぼく清ちゃんとじゃんけんするでしょ、美保子ちゃんと知子ちゃんが弱い者同士でじゃんけんするでしょ、そして秀雄ちゃんとちょっと弱い敏ちゃんがじゃんけんするでしょ。そうすれば三人ずつ白と赤に分かれて」⑤

「先生分かった」と立ち上がって英二、「五歳は五歳同士で、強い人も二つに分けて、弱い人も二つに分けて四歳の子もつばめ組の子も、四歳は四歳同士を分ければ赤も白も同じになるよ」⑥すばらしい発言です。

「みんなもそう思う？」「うん」全員大きな声でうなずく。…子供たちは、難しい問題を解決し、興奮さめやらぬ表情です。

（本吉、1979年、193～199頁・一部編集・傍線筆者）

ボール遊びという「体育」のはずが、秀雄君の失敗もあって「徳育」の要素が入り、最後には、数の理解という「知育」の要素が関連付いたものになっています。

本来、囲みの傍線部①で白組が負けたのは、人数の偏りやチリ取りの条件の違いのためでした。しかし、保育者がその原因を説明し「秀雄君をいじめるのは良くない」と言い聞かせるのではなく、傍線部②に見るように子供たちが「原因」と考える秀雄君を赤組に移すことで、子供たち自身による原因の探求を続けさせました。その結果、子供たちは人数の偏りに気付き、同数にするという一応の解決にたどり着きます。

子供たちはお昼寝の前に模造紙という「外的表象（可視化ツール）」の助けで自分たちの遊びを振り返ることによって、人数の偏りで負けたのであり、「秀雄君のせいではないこと」に気付きます。そこで出てくる傍線部③の謝罪は、子供たち自身の気持ちに基づいた自発的な謝罪だと見なすことができそうです。事象の原因を納得するという「知」が、納得感に基づいた思いやりや誠実さという「徳」を支えています。

最後に、人数を同数にしただけでは公平な勝負ができないということに、傍線部④～⑥で気付いていきます。その表現を詳しく見ると、傍線部④の「赤組」「白組」という具体的経験に基づく推論から、傍線部⑤の同等な友達をペアリングするという解決策、更に傍線部⑥のより一般化されたまとめへと段階的な抽象化が起きています。

このように保育園児であっても、「なぜ負けたのだろう？　どうやったら勝てるだろう？」という問いに対して、直観的・経験則的な考えから出発して、仲間と考えを交換しながら何度も思考・表現し直して、自分なりに納得できる答えを見付けていくことができています。その中で「考える力」や「仲間の悲しみを思いやる心」は自然に働き、「数」という文化的な内容の本質に触れることができています。つまり、一人一人が問いに対して答えを出す中で、理由を考えることが、仲間を思いやり、明日や未来のより公平な遊び方につながっています。園長を務めていた本吉（１９７９年）は、これを次のようにまとめています。

チリ取りにボールをのせるだけの遊びから、数の威力、数のすばらしさ、怖さ、数は同じでも数の中に含まれる「質」の問題抜きには数を論ぜられぬこと、等質の二等分、一対一対応の困難、動くものは対応しにくいことを知り、そしてこれらの数という力に小さな体が言葉を探し、エネルギッシュに挑み、「半分」を知り、「一」を体ごと分かっていき、友達の悲しみを知り、集団の本質に迫る話合いがされる中で、強者のおごりが恥ずかしいものであることも知っていきます。

（本吉、１９７９年、２００頁）

この事例はビデオ記録が残っているわけではありませんので、本当にこの通りに展開したかは分かりませんし、一人一人の園児が数をどう理解し、生活場面や小学校での学習にその理解を適用したかまで追跡調査しているわけではありません。しかし、大事なことは、これだけ小さな子供でも**体を動かし、体で感じ、話し合いながら考え、他人を思いやることを感じ取るという一体的な経験ができている**ということ、そして、**その根底に自分たちなりに「なぜなのか」という理由まで納得する過程がある**ということです。社会のルールも理由まで考えて納得できれば、自発的に守ることができますし、また未来に向けて作り直していくこともできるでしょう。

知・徳・体を一体的に育む授業ができない理由を、我々は年齢が小さいことや基礎が習得されていないことに求めがちですが、この例はそれが必ずしも本当ではないことを示唆しています。あるいは、保育園は教えることが厳密に決まっておらず、時間もたっぷりとあるからこそ、こうした試みができるのでしょうか？　もしそうだとすれば、課題は、教えたいことを時間内に教えながら、子供の自発的な行動や考える力を引き出すような授業のデザインだということになります。

大事なことは、そのデザインのために我々が子供の学びをどう捉えるかでしょう。その一つの鍵が、領域による「分業」や学校段階・学年・年齢による「輪切り」ではなく、「つなぎ」だということについて、次の秋田（２０１２年）や松木（２００８年）は論じています。子供が学んだことを「覚えて終わり」にするのではなく、世界や自分自身、仲間との関係を作り、未来とつなげるために、大人たち自身が教育をデザインしていくことができるかが問われています。

三つのつながりの保障

過去の文化的知識としての学問の世界や現代社会の課題とのつながり、共に学びあう学び手同士のつながり、過去現在これからを生きる自己の学びの道筋のつながり。この三つのつながりをすべての子供たちが作れるよう保障しなければならない…（略）…

子供たちそれぞれが自分の学びを振り返りつつ、次への見通しをもって学びの履歴としてのカリキュラムを形成し、学び手としての「私」の〝自分づくり〟を保障できること。学問の奥行きや現実の社会の課題の複雑さに迫ることで、手ごたえが生まれる本質的な学習内容の探究、学びあうことで学習者である「私たち」の関係のきずなが深まる〝授業づくり〟。そしてそれらを特定の時間や学級だけで行うのではなく、学校あるいは学校を超えて教師や教育委員会が専門家として保護者とともに地域で連携してつくり出していく〝学校づくり〟。

それら三層が同じ方向を志向し、システムとして体系的に機能し、適切な振り返りによってデザインを変革し続けていくことによって（注：教育という）難問解決が可能となるのではないだろうか。そのすべての鍵は授業の在り方にある。

（秋田、2012年、12〜13頁）


子供は授業を通して、世界や文化や科学や歴史と出会い、自己をつくりなおし、関係を再構築する。したがって、授業は単に効率よく子供の記憶を促す場なのではない。学ぶことを通して行われる自己という新山の絶え間ない造山活動であり、生活世界に対する認識の再構築活動である。そして、生活世界の中で共に生きる者同士の関係づくりの活動でもある。

（松木、2008年、186頁）

2 学力三要素をいかにつなげるか？

―分離・段階モデルを超えて

次は「基礎的な知識及び技能」と「思考力、判断力、表現力その他の能力」（以下一部で「思考力等」と略します）、「主体的に学習に取り組む態度」という学力の三要素について考えてみましょう。

三要素の関係を「まず知識を習得して、思考力・判断力・表現力等で活用し、学習意欲はそれらとはまた別の要素」と捉えるような分離・段階モデルがあります。

▽図10のように、まず意欲を持って教室に来て真面目な態度で学習に取り組み、知識・技能をため込んで初めて、思考力等が使えるというモデルがその一つです。

▽学力三要素が分離され、「分かりやすい授業で意欲を高め」「個別学習で基礎・基本を補い」「探究活動で思考力等をフル活用」といった形で、断片化された三要素が学習方法と直結されることもあります。

▽これに対して左記は、小学校低・中学年で知識・技能を習得し、それで初めて思考力等が活用されるという教育

図10　ある先生が描いた学力三要素の図

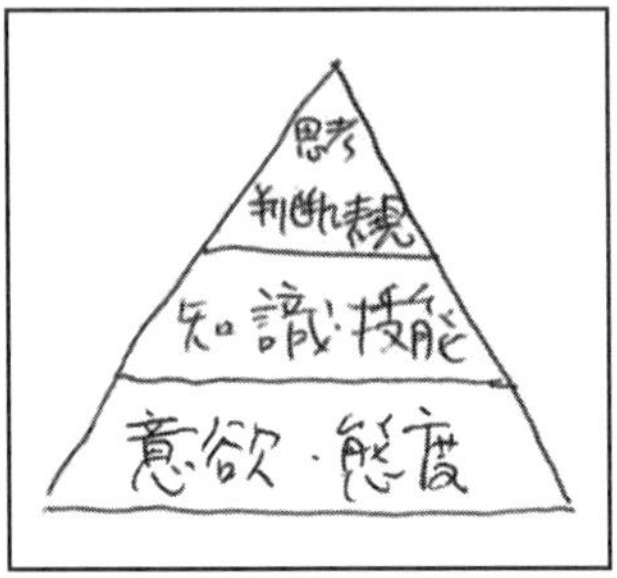

の在り方を危惧しています。

> 個別な知識・技能の習得・定着（知っている・できる）と、概念的知識の意味理解（分かる）という、本来区別すべき認識レベルが『習得』という単一のカテゴリーにまとめられるとともに、『反復』の意義や（小学校）低・中学年における基礎・基本の習得の徹底が強調されている。これらは、道具としての知識・技能を、思考過程と切り離して蓄積させる傾向を強化することにつながりかねない。
> （石井、２０１０年、１５８頁）

右記のような分離・段階モデルではなく、三要素をつなぐような考え方はできないのでしょうか？　分離・段階モデルの背景には「思考力等による活用は、まず知識・技能を先に習得してから」という前提がありそうです。そこで、思考力等を用いながら、同時に知識も習得し学習意欲も生まれてくるような学び方が（基礎が足りないと思われがちな）小さい子にもできるかを見るために、保育園児の氷遊びの例を紹介します（囲み４―２）。

囲み４―２：保育園児の氷遊び

プールに張った氷を踏んで遊んでいる裕介「今日は駄目だ、中が水だよ、きのうとその前の日は、全部氷だったのに」①

その翌日、プールの水が全然凍らないのを見て、秀雄たちは、「雨が降らないから氷ができないの？」「違う。降らなくても、氷ができる」「じゃどうして今日は氷ができないんだろう」②「……」「へんだな」「氷ができるかどうか、試してみよう」子供たちは、その辺にある容器に水を入れて好きな所に置いて帰りました。③

翌朝、どの容器の中の水も凍っていました。「雨が降らなくても水が凍るんだ」「先生、でもね、美保ちゃんのバケツのと、早人君のは少ししか氷ができていないよ」「どうしてだろう」この二人のだけは室内に置いてあったのですが、子供たちは気づかないようです。

次の日も子供たちは、空き缶、ビン、プラスチックの容器、漬物用の小さなたる、ビニールバケツ、発泡スチロールの空容器、金属製の洗面器などおもいおもいの容器に水を好きなだけ入れて帰りました。④

次の日は美保と貴子、義則の三人の氷が凍っていません。誠のは厚い氷ができています。「へんだねえ、私と同じ青いバケツに水を入れたのに、私のはできて、美保ちゃんのはできないなんて」⑤「そうだ、義則君も恭介君も同じジャムのビンなのに義則君のはできない」（三人は実は容器を室内に置いたのです）「不思議だ、どうしてだろう」「ようし、今日は皆一緒の所に置いて帰ろう」⑥これは大変よい発案をしてくれたようです。

さて翌日、ベランダの隅にズラリと並んだ容器の水は全然凍っていません。「おかしい、みんな一緒に並べたからかなあ」「よーし、このままもう一回試してみよう」圭二の提案で、前日と同じ状態のまま帰ったのです。

翌日、「うわあー、凍ったぞ！　みんな凍ったぞ！」と子供たちは大喜びです。ところが佳世子が泣きべそをかいて「私のだけ氷ができない」と持ってきたのです。佳世子は発泡スチロールの蓋つきの容器に水を入れてあったのです。それを見た子供たちは「蓋があったから凍らなかった」⑦と解釈したようです。

「よかったね、美保ちゃんのも義則君のも今日は凍ったから」それを聞いた早人が言いました。「ぼくのは、最初部屋の中に置いといたときは、薄いのしかできなかったけれど、次の日は外に出しておいたので厚い氷ができた。美保ちゃんはそのときもできなかった、きっと部屋の中に置いといたんじゃないの？」⑧美保にそのことを聞くと、しのぶたちが、「そう、美保ちゃん、毎日ロッカーの上に置いといたんだよ」「先生は、先生たちの玄関の所に置いといたんだけど、ほら凍っているわよ、お家の中なのに」⑨「そうだ、いろんな所に置いてみよう」と信夫の案で、子供たちは物置の陰、朝日の当たるベランダ、園舎の北側、とり小屋の南側、トイレの中、遊技室、職員室、水道の流しの中と場所を変えて容器を置いて帰りました。

残念なことに、二日間ほど全く凍りません。三日目、正章たちの園舎の北側に六つ並べておいた容器の水だけが凍っていました。しかも誠のは厚くて硬い氷のようです。氷をつくり始めて九日目、子供たちの中から次のような意見がでてきました。

○　氷ができない日とできる日がある。

○　部屋の中は凍らなくても、外に置くと凍ることもある。

○凍ったり、凍らなかったりするのは雨とは関係ない。寒い日に凍るらしい。⑩

○誠君のはいつも厚い氷ができるが、誠君の容器は、おせんべいの入っていた空き缶で平べったい。⑪

○佳世子ちゃんの容器は発泡スチロールで蓋をとっておいてもあんまり凍らなかった、蓋がなくてもあったかいらしい。⑫

○水をバケツにたくさん入れると、上の方だけ凍って下は凍らない、だから下の方はあったかいのかもしれない。

その後、武文と誠は日当たりのよいベランダに座り込み、自分のつくった氷を太陽にあて、容器を揺り動かしながら遊んでいます。「何しているの」と聞くと、「どっちが早く溶けるか、競争しているの」とのこと。⑬しばらくして、どっちが早く溶けたか聞くと、誠の方とのこと。「へえ、誠君の方が厚かったのにね」「うん」と誠は意外といった表情です。

これで、氷を溶かす競争、反対に誰のが一番溶けないかという競争が始まりました。その遊びのたけなわのとき、保育者の案で冷蔵庫の氷を分け与え、それぞれの容器に入れさせ、日当たりのよいベランダに並べて経過を見ることにしました。佳世子の蓋つきの発泡スチロールに入れた氷がほとんど溶けなかったのを見て、「冷蔵庫みたいだ」「でもへんだ！ 氷ができないのに氷が溶けない！（筆者注：発泡スチロールは氷と相性が悪いと考えているようである）」「へんだ」「不思議だ」⑭

そして一番よく氷ができた常浩、治子、誠、富美たちの氷が一番先に溶け、一合升を使った孝夫や厚いポリ容器に入れた氷は溶けにくかった。

（本吉、１９７９年、２０３～２０５頁・一部略・傍線筆者）

「氷を作りたい」という思いから始めた遊びが、学力三要素で言えば、「比べる」（傍線部①）、「仮説を立てる」（傍線部②⑦⑧）、「条件制御する」（傍線部⑥）といった科学的な思考力を総動員して、「氷と温度の関係」（傍線部⑩）や「断熱」（傍線部⑪⑫）に関する気付きや理解を生み、「氷を溶かしたらどうなるのか」「発泡スチロールは氷ができにくいのに、なぜ溶けにくいのか」という新たな疑問（傍線部⑬⑭）―いわゆる学習意欲[25]―を生み出しています。子供たちなりのレベルで学力三要素が一体化した学習経験になったと言えるでしょう。

その過程をもう少し詳しく見ると、まず子供たちは「氷を作りたい」という現実的で実用的な課題（傍線部①）から出発し、「雨が降らないから氷ができない」という発言に仲間が反論したことに端を発して、「なぜ氷ができないのか」「どういうときにできるのか」という知的で科学的な探究（傍線部②）に入り込んでいきます。しかも、自分の考えを試

25　現行の学習指導要領における評価の考え方―例えば「児童生徒の学習と教育課程の実施状況の評価の在り方について」（平成１２年１２月１日、教育課程審議会答申）―では、学習意欲が「（知的好奇心や探究心と同様に）各教科の学習を続けたいと思う気持ち」と記されており、「知ることで気付く次の疑問」は意欲の良い指標になります。

すのに「容器に水を入れて一晩置くだけ」という簡単な方法で実験できたために、みんなが参加でき、多様な結果が得られることになりました（傍線部③④）。多様な結果には意外なものも含まれますので（傍線部⑤）、子供たちはそれもまとめようと様々な説明を作り上げます（傍線部⑦⑧）。このように実験と説明作りを繰り返しながら、「氷は寒さに関係するらしい」「凍りやすい容器があるらしい」という発見を自分たちなりにしていきます（傍線部⑩⑪⑫）。発見したことがたとえ大人から見れば当たり前のことでも、子供たちにとってはこの探究を始める前よりは確実に理解が進んでいます。そのことが単に知識を得るだけでなく、次の疑問（傍線部⑬⑭）を生んだと考えられます。この「問題解決を通した理解から次の問題（疑問）の発見が生まれる過程」は、数多くの実践から確かめられています（詳細は本章3節）。

保育者は何をしていたのでしょう？　まず、ものや道具の準備です。明記されていませんが、傍線部④の容器のヴァリエーションを見ると、保育者が意図的に用意した可能性も推察できます。容器は一つとして同じ場所に置けませんので、必然的に「一人一人の違う考え」が形になります。更に子供たちの探究が収束しそうなときには、傍線部⑩のように議論が持続する言葉掛け（問題化 problematizing）をしています。先のボール遊びで秀雄君を白組から赤組に移したのも、この探究の持続のための問題化と言えそうです。最後に、そもそもこのように「一人一人が思いつきや考えを話してよい」「それがみんなのためになる」という学び合いの風土を作っています。

このような保育者の支援が可能になるのも、子供たちの年齢や基礎知識・技能が問題なのではなく、時間がたっぷりとある保育園の環境のためなのでしょうか？　もしそうなのだとすれば、このような「問いと答えの間が長い学習活動」が可能になる条件は、子供の側ではなく、私たち大人が用意する学習環境にあることになります。

三宅（2012年）はこの保育実践等を対象に、協調的な学びが可能になる条件を次のように整理しています。

①　共通して「答えを出したい問い」がある。
②　各自少しずつ違う問いへの「答え」が出しやすく、また「みんなの考えが違う」ことが見えやすい。
③　一人一人のアイデアを交換し合う場がある。
④　多様なアイデアをまとめ上げると段々答えに近付く期待が持てる。
⑤　一人一人自分にとって最初考えていたものより確かだと感じられる答えを再度作る機会がある。
⑥　みんなの答えを発表し合って検討する場と、そこで得られた「自分なりに納得できる」答えを再度まとめる機会がある。
⑦　納得した先に見える「もっと知りたいこと」を確かめる機会がある。

（三宅、2012年、179頁・一部編集）

こうした学習を支えるモデル—学力論と学習論—が一体となって先生方の授業デザインを支えるとよいのではないでしょうか。しかし、現時点でどのような状況でも当てはまるような確立された学習のモデルがあるわけではないですし、むしろ教育という現象の複雑さからすれば、現場の状況に応じてモデル自体が柔軟に更新されていくべきでしょう。大事なのは、先生方や研究者、教育行政関係者が実践から学んで何度もモデルを再考し作り直す機会があることです。

図10を描いたような先生方が、この実践例を読んで再度作成したのが**図11**です。このどれかが正しいということではなく、このように多様なモデルを考え直していくことが実践の質を上げていくことに有効ではないかと我々は考えます。

以上、「知・徳・体」や学力三要素を一体化する授業のイメージを見てきました。少数例を検討しただけですので一般化はできませんが、この2例だけでも、資質・能力を生かした授業が、算数や理科といった教科の基本的な学びを大切にしつつ、そこに一人一人の子供が全人的に関わることを想定したものであることが示唆されます。久野(2014年)も、内容中心(コンテンツ・ベース)の教育課程から資質・能力中心(コンピテンシー・ベース)の教育課程への変革を次のように表現しています。

図11　先生が保育園の実践に触れて描き直した学力三要素の図

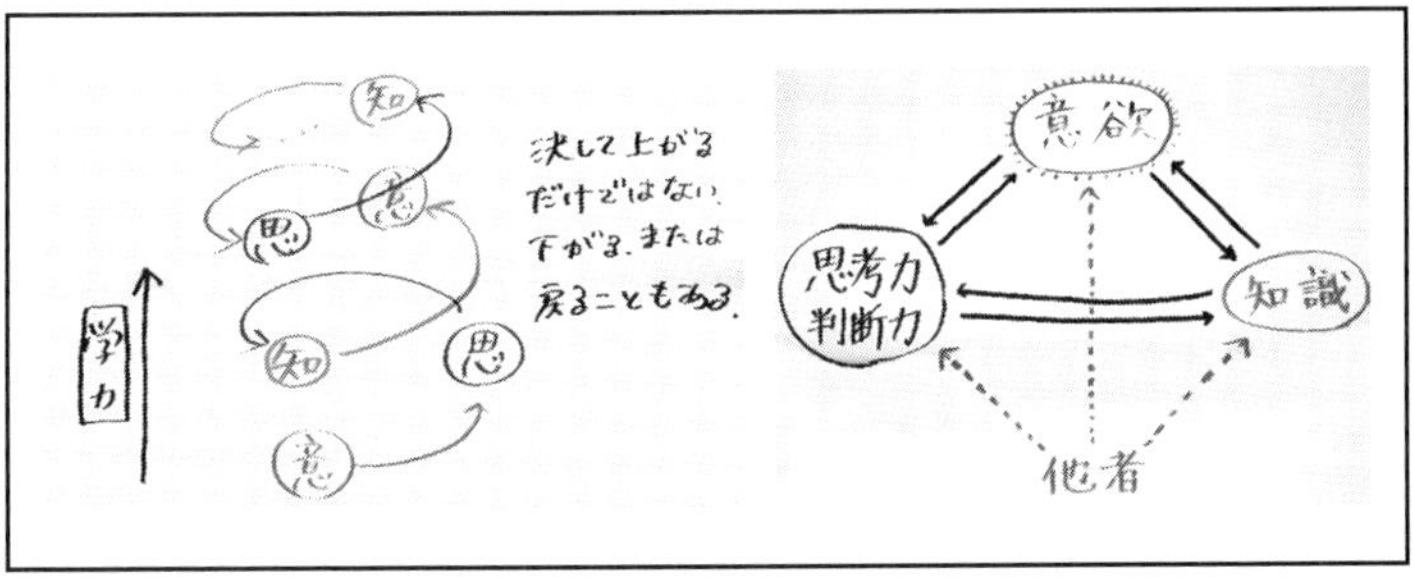

> コンピテンシーを志向した教育も一人一人の子供の学びと生活の充実を置き去りにすることはできない。むしろ、コンテンツをベースにした２０世紀型の学力がそのような個々の文脈や個性、人生の歩み方といった部分を捨象してきたのではあるまいか。…コンテンツ・ベースの学力からコンピテンシー・ベースへの学力の移行は、単なる指導法や授業改善のけたを離れ、個としての「私」が社会の構成員としてどのように生きるかその土台を育て、社会の中で個と個が結び付く協働的な社会を形成していくためのプロセスでもあると考えられる。
>
> （久野、２０１４年、２０頁・一部略）

3　学びの質や深まりを重視する授業や教育とは？

学びの質や深まりを重視する授業や教育とは、どういうものなのでしょうか？　その在り方に関する検討を通して資質・能力の必要性について検討します。

現行の学習指導要領では資質・能力の育成が意識されており、**「A（学習内容）」について「B（学習活動）」を通して学習し「C（資質・能力）」を育成する**という記述で、学習内容、活動と育てたい資質・能力が一体的に捉えられています。総則には「思考力、判断力、表現力その他の能力」の育成に向けた全教科等における言語活動や問題解決的な学習、見通しと振り返りの充実が盛り込まれています。

しかし、これらの学習活動は、学校現場においてしばしば目指す資質・能力と切り離して実践され、活動自体が目的化した「活動中心主義」として批判されることがありました。こうした傾向を生む理由を精査し、知識・技能と資質・能力を一体的に育成する支援となる学習活動や教育課程の編成の在り方を考えることが求められていると思われます。

人が学ぶ過程については分かっていないことが多いため、右記の在り方も最大公約数的な一般性を持ち、かつ現場の実践を踏まえて改訂を許す柔軟性を持っている必要があります。特に、教育問題については「あれかこれか」「AかBか」といった二分法的な議論や論争がなされがちなため、対立しているように見える二つの立場の共通点を見いだしていく作業が必要だと我々は考えました。それによって、双方の立場が暗黙のうちによって立つ前提や信念を明らかにし、各々の立場がどのような理論的背景や実証的根拠から提唱されているのかを確かめることで、その前提を踏まえて、より適用範囲の広い解決策を探すことを目指しました。言わば、「AかBか」を「Aか not Aか」と見るのではなく、「AxとBx」という公約数を持つものとして見ていく作業です。

以下では、その検討を踏まえて整理した「子供の学び方」に関する基本的な知見を提示します。

(1) 子供は資質・能力を使った方が良く学ぶ

子供が事実や公式について、思考力等の資質・能力を全く使わないで覚えるだけよりも、**資質・能力を使って「考えながら」覚えた方がよく定着する**（長く保持できる）ことが知られています。実際、現行の学習指導要領に基づいた授業実践から、思考力・判断力・表現力等を用いた授業の方が、暗記を強制する講義よりも、知識・技能の定着を促進することが見えてきています。

その根底には、発達・学習研究が見いだしたような、たとえ小さい子供でも、自分なりに考えたり判断したり、考えを表現しようとしたりする力を潜在的に持っているという事実があります（本章1、2節参照）。子供は日々の経験から自分なりに様々なことを考え学んでいます。それゆえ、学校で先生から「この問題についてどう思う?」と聞かれれば、自分なりに答えを出そうとします。その答えを作り変えながら学ぶべきことを学んでいくのと、子供自身の考えや思い付く答えと無関係に正しい答えを押し付けられるのとを比べると、前者の方が定着する場合が多いということです。

こうした実践と研究の両面に支えられて、世界的にも資質・能力を「目標」としてだけでなく、「手段」として捉える見方が広まっています（国立教育政策研究所、2013年）。

ニュージーランドは国を挙げて、これを〝Means and Ends（手段であり目標）〟という標語で言い表し、教育改革を進めています。

① 何が論点か？

さて、それでは「資質・能力を使うか否か」というポイントが論争になるのは、どのようなときなのでしょう？ それは、知識・技能と資質・能力の学習の順序性やウェイトが問題にされるとき、つまり、次のような問いが問われるときです。

▽基礎的・基本的な知識・技能を習得してからでないと、思考力・判断力・表現力等は育成できないか？

▽基礎・基本と問題解決力のどちらが大事か？

この形の問いに対して、「基礎的・基本的な知識・技能は児童生徒が問題解決に取り組む過程で身に付くものである」し、逆に「基礎的な知識・技能が身に付いていない児童生徒に問題解決に取り組ませても問題解決能力の育成にはつながらない」ので、「両者はどちらも大切」とする解決もあります（例えばブランスフォード・ブラウン・クッキング、2002年、22頁）。比喩的に言えば「知識がなければ問題解決できない」という主張は「泳げるようになるまで水には入らない」というのに近いですし、「問題解決していれば知識が身に付く」という主張も「プールに入っていれば泳げるようになる」というのに近い話なので、どちらも極端だということになります。

しかし、そのようなまとめ方では、「知識」とは一体どのようなもので、知識と思考や問題解決等との間の関係をどう考えればよいのか、という詳細な問題が解けません。そこで、もう少し詳細に上記の問いを検討してみましょう。そもそも上記の問いには、「知識・技能と思考力等の関係」という学力の構造に関する議論（学力論）と、「知識・技能を習得してから思考力等を育成する」という活動の順序性に関する議論（学習論）との両方が含まれています。

② ブルーム・タキソノミーの考え方

まず、学力論について、知識が思考力等の基礎に位置付くとした考え方の一つの源に、ブルームの教育目標の分類「ブルーム・タキソノミー」（Bloom, 1956）があります。ブルームは、教育目標を下位から順に「知識（後に記憶）」「理解」「活用（応用）」「分析」「統合」「評価」という階層で定義しました。

この階層は、求められる学力の質を明示して授業や教育の目標を意識することに役立つと考えられました。例えば、「オームの法則を理解する」と言っても、それが「公式を覚えている」（「知識」）ことなのか、「電流、電圧、抵抗の相互関係を説明できる」（「理解」）ことなのか、あるいは「オームの法則を生活場面で生かせる」（「活用」）ことなのかが定かではないため、動詞などで違いを明確に示すことが有効だというわけです（石井、20

１４年）。

このブルーム・タキソノミーの考え方に対しては、以下に詳しく述べるとおり、１．知識の捉え方、２．階層の設定の仕方、３．思考力等の知的能力に対する見方という三つの観点で、心理学者・認知科学者・学習科学者から批判がなされてきました。

③ ブルーム・タキソノミーに対する批判１：知識の捉え方

知識の捉え方に関して、ブルーム・タキソノミーでは、知識を「心の中にあるファイリングキャビネットの内容」として狭く捉えさせてしまうという批判があります。

この立場は、知識とはキャビネットにファイルを入れるように、次々ばらばらに暗記していけるような薄っぺらなものではなく、数多くの要素知識（言わば知識の「粒」）の結び付きで成り立っていると考えます。知識は、膨大なネットワークの世界で、課題や状況によってある部分が活性化したり、他の部分とダイナミックにつながったり組み変わったりします（diSessa, 1993、村山、２０１３年、ラメルハート・マクレランド、１９８９年）。ですから、「一塊の知識を丸ごと覚えたら初めて考えることができ、その後は常に安定して問題が解ける」という図式は成立しにくい、ということになります。

囲み４―３は、子供が知識の粒からなる「小さな世界」を持っていても、それらを大人が思うようには結び付けているわけではないこと、逆に、それらの世界が結び付くことで初めて「納得できること」を示唆しています。それゆえ、この立場は「足し算という極めて単純に見える知識ですら様々な知識の集まりでできている」「子供なりにその結び付けを一生懸命やっている」「だから何かを覚えたらすぐできるようになるものではない」「知識のネットワークが一人一人の中でどう育つかを見取ることが大事だ」等と主張することになります。

囲み4―3：ミリアムの小さな世界

ローラーは自分の娘ミリアムの足し算の学習を丁寧に追いかけ、足し算に関する知識がどれほど断片的な知識の集まりであるかということを説得的に示しました。

6歳になったミリアムは、簡単な数の足し算は指折り数えてできました。また、お金の計算にも習熟していました。しかし、数の足し算とお金という二つの世界はそれぞれ別で、問題に応じて両方を使い分けていました。例えば、「75＋26は幾つ？」と聞かれると、「70、80、90、96、（後の5は指折り数え上げて）97、98、99、100、101になる」と答えます。しかし、「75セントと26では？」と聞かれると、「クォータ（25セント硬貨）4枚とペニー1枚だから、1ドル1セント」と答えます。同じ問題ですが、問題の提示のされ方で答え方が変わるのです。また、足す数はどちらの問題でも「（26セントでなく）26」でしたが、直前に出した答えを二番目の問題に使っていません。意識の上では全く別の計算だと捉えていたのでしょう。

ミリアムはその後、LOGOという角度の計算が必要になるゲームに親しみ、その世界での計算の仕方を身に付けていきます。そして、右記の例から半年ほどたったときに初めて、「数え上げの世界」「お金の世界」「ＬＯＧＯの世界」の三つが結び付くことに気付き、繰り上がりのある足し算が柔軟にできるようになっていきました。
（原典：Lawler, 1981、佐伯、１９９５年などに紹介あり）

知識の「粒」は、小学校高学年の児童で「浮力」について２００ほど（物の浮かび方について形や置き方、表面、材質、中身、温度、動きなどの要因：Howe, 1998）、高校生で力学や電気について２００以上（Hunt & Minstrell, 1994）あると言われています。これらを児童生徒が自分たちなりに結び付けて初めて知識・理解が定着します。

また、子供の問題の解き方を詳しく調べた研究からは、囲み４―３のような足し算以外にも「数の保存」「等式の理解」「時計の読み」「物の速さ」「物の釣合い」などについて、子供が様々な方略を持ち、場面に応じて使いやすいものを選んで使っていることが分かっています。したがって、効率的な方略を使い始めても、すぐにそればかり使うようになるわけではなく、それ以前の非効率的な方略を使い続ける場合もあります。それゆえ、ピアジェが考えたような**図１２a**の段階的な方略の変化ではなく、**図１２b**の「重なり合う波」のような形で変化が起きてくるという考え方（オーバーラッピング理論）も提唱されています（Siegler, 1996）。これは、囲み４―３で見たように一つの時期にも複数の方略が併存し、その時々で優勢な方略が移り変わったり複数の方略が結び付いたりすることで、方略

図12　子供の認知発達モデル（Siegler，1996，85〜89頁）

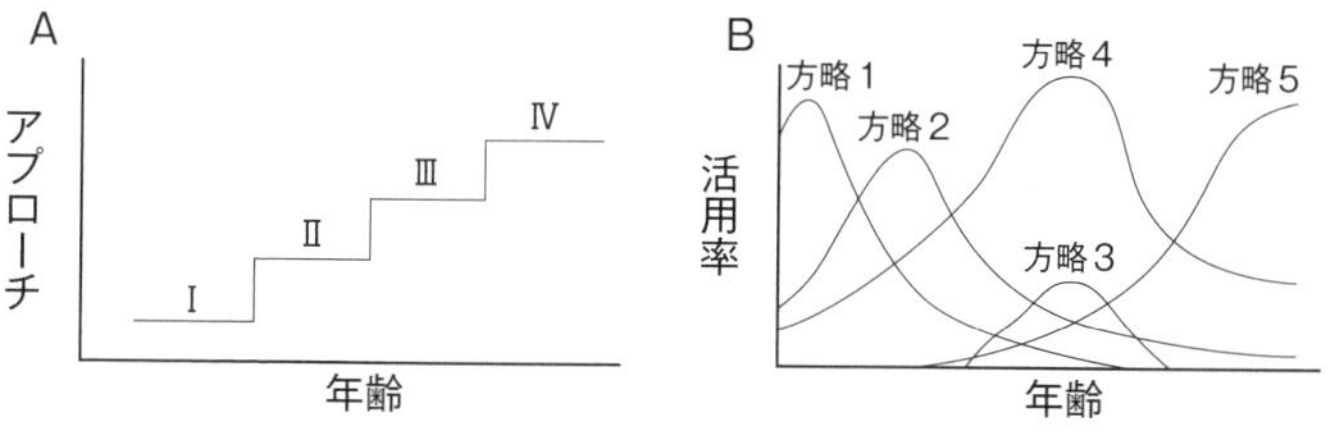

図12a　ピアジェの階段モデル　　図12b　オーバーラッピングモデル

が精緻《せいち》化されていくことを示唆しています。

授業現場でも、子供たちが一度できたはずのことができなくなったり、できなかったはずのことが徐々にできるようになったりという「行きつ戻りつ」進むプロセスが日々観察できるものでしょう。「何かを覚えたら、直ちにそれを活用できるようになるものではない」ことには、認知的な理由があるのです。その点からも「知識の塊をまず頭に入れる」という教育は成立しにくいと、この立場は主張します。

さらに、ブルームの知識の捉え方では、知識を「心の中の最下位の対象物」と捉えることで、それを扱う「上位の知的能力やスキル」として「理解」「活用」「分析」等を設定することになりました。それがスキルの教育が可能だと思わせた一因になり、知識の位置付けを低くすることにつながったとの批判もあります（Bereiter, 2002）。

▽ブルーム自身が物理学の知識の「活用」を問う

ものとして挙げた「自由落下するエレベーターの中で投げ上げられたボールに何が起きるか」という問題や、「分析」の例にあげた「ガリレオが角度の異なる斜面を使って転がる物体の加速度を調べ、その結果を自由落下運動へと外挿した実験について、実験の暗黙の前提を問う」問題は、「活用力」や「分析スキル」ではなく、単に力学法則の「深い理解（deep understanding）」を問うたと考える方が自然だと、ベライターは批判しています。

④ ブルーム・タキソノミーに対する批判2：階層の設定の仕方

ブルームが下位から「記憶」「理解」「活用」等と設定した階層についても批判がなされています。例えば、記憶研究において文脈を「理解」した方が「記憶」も進むことが多くの実験で明らかにされています。ブランスフォードらは、囲み4―4のとおり、文脈が理解できる絵（Bransford & Johnson, 1973）や理由（Stein & Bransford, 1979）を付けただけで無意味に見える文章が覚えられるようになることを示しています。

囲み4―4：記憶を助ける文脈理解

実験群の学生は「もし風船が破裂したら、音が届かなくなってしまう。何しろお目当ての階から全ては余りにも遠すぎるから。窓が閉まっていても、音は届かない。なぜなら、大抵のビルは十分に遮蔽されていることが多いから……」といった文章が上の絵とともに提示されました。統制群の学生は、文章のみが提示されました。その結果、実験

① 背の高い人がクラッカーを買った。
② 髪の薄い人が新聞を読んだ。
③ ふざけた人が指輪を好んだ。
④ おなかのすいた人がネクタイを買った。
⑤ 背の低い人がほうきを使った。
⑥ 屈強な人が本を流し読みした。

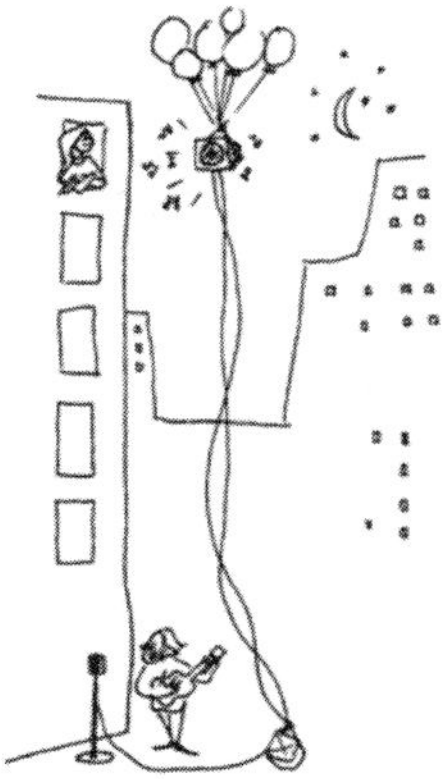

群は統制群の2倍もこの話を再生することができました。

上の囲みの①~⑥の文章について、「背の高い人が【一番上の棚にある】クラッカーを買った」「おなかのすいた人が【レストランに行くために】ネクタイを買った」「背の低い人が【高い所のスイッチを付けるのに】ほうきを使った」等と【文章が必然性を持つ状況を付け加えた文】を覚えさせたところ、文全体の長さは増加したにも関わらず、再生率は飛躍的に伸びました。

また、様々な読解力の児童に同様の文章を読ませたところ、読解力の高い児童は、時間を掛けてでも自分で読解文をもっともだと納得できるように理由付けや根拠を補うこと（精緻《せいち》化）でよく理解・再生した一方で、読解力の低い児童は時間も労力も掛けないことが分かりました。

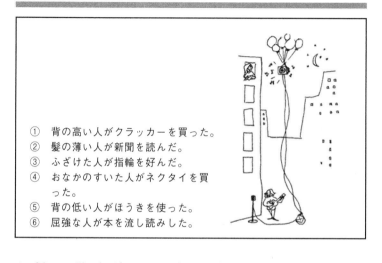

（Bransford & Johnson, 1973, Stein & Bransford, 1979）

学習研究において「活用」の文脈で学んだ方が「理解」や「記憶」が進むこともよく知られています（囲み4—5のジャスパー・プロジェクトなど）。逆に、理解しないままの記憶や、使う当てのない状態での理解や記憶は、人はとても苦手であることも見えてきています。

囲み4—5：探究や活用が動機付ける習得（ジャスパー・プロジェクト）

ジャスパー・プロジェクトとは、ジャスパー・ウッドベリーという主人公を中心にした、ドラマ仕立てのビデオ教材を使った算数・数学教育実践でした。計12のビデオ教材に「遊び場の青写真を作るために遊具の面積や容積を計算する問題」や「学校にビデオを買う資金を集めるために出し物を行い、その収支を見積もる問題」など日常的に遭遇しそうな問題が含まれていました。問題を使った活動例は次のようなものでした。

「グライダーの免許を取ったばかりのエミリーという主人公のところに、近くの自然公園で釣りをしていたジャスパーから、保護鳥のワシが撃たれて重傷だという連絡が入り、誰かが何らかの乗り物を使って助けに行きたいという状況がビデオで提示される。ここで『傷ついたワシを救助するための最短の経路は？』と問う問題が出され、生徒は地図やグライダーの燃費、可搬荷重量、エミリーの体重など、解くのに必要ではあるが、ビデオ中に散らばった情報を探しながら、グループに分かれて救助ルートを考え、実際に計算してみて様々な方法で答えを出す。それをクラス全体で発表して解き方を比較し、一番良いと思った方法で再度問題を解く」

この問題では、ワシを助けるという目的のために解くべき問題そのものをビデオの中から見付け出さなくてはなりません。それゆえ、「問題の見付け方」「解き方を工夫すること」「解き方を変えると、解くべき問題も変わること」などが学べます。

プロジェクトでは更にここから、問題を少し変形した類似問題（「リンドバーグが大西洋横断に成功したのは、どれだけの追い風を受けていたからか」など）を児童生徒に多数解かせます。

その後、同型の問題を繰り返し解くための賢い道具（スマート・ツール）を作らせて、公式化やグラフの利用について考えさせます。例えば、「エミリーはワシを救えてうれしかったので、今度はグライダーでなるべく早く品物を届ける宅配業を始めた」というカバーストーリーを与えます。すると、子供たちは、宅配時間の見積りなど現実の商売で求められる答えは「客の信頼を得るために１００％正しく、他社に勝てるよう素早く算出できるものでなければいけないこと」に気付きます。そのために、あらかじめ地図上に所要飛行時間を記したグラフを作成するグループも出ます。

このスマート・ツールは、時速などの概念を理解していないと作ることができません。また、作ることでそれら概念が一層良く理解できます。ジャスパー・プロジェクトは、与えられた問題が解ける力だけではなく、協調的な問題解決を通してスマート・ツールまで作ることができるような力を付けさせることを狙っていました。

実際に、子供は速度や比などの概念・技能の習得、文章題の解決など、「小中学生がここまでできれば望ましい」というゴールを達成しただけでなく、複雑な問題の高次なプランニングに関する能力、算数が役に立つことの認識や複雑な問題解決への自信・意欲なども高まり、自ら問題を探して解く「未来の学び」につながる学習成果を得ました。

日本の学習活動に照らせば、ビデオ教材を使った「探究」もしくは「活用」から入って、類題を解く「習得」、そして理解したことを道具作りに使う「活用」の順になっています。実践を行ったブランスフォードらは、この順を様々に変えて、必ずしも基礎知識・技能の習得から始める学習が効果的ではないことを確かめています。

（CTGV、1997年）

「知識を使う文脈で学ぶ」重要性・有効性は、日常的認知や状況論の研究からも強力な証拠が出されています。日常生活では「相手と意思を通じ合いたい、おいしくて栄養のあるものを食べたいという目標を実現しようとするうちに結果として学習が成立する。そのように学びが副産物の場合には、いつのまにか自分が達成していた進歩を喜び、その過程で力を貸してくれた多くの人々に感謝したくなる」（稲垣・波多野、１９８９年、ii頁）面があるのでしょう（他の好例として安彦、２０１４年、１２０～１２２頁）。

遊びの中で知識が習得されることもあります。「しりとり遊び」には最後の音を取り出す作業が含まれているため、自然に音節（モーラ）を意識するようになり、文字を読み書きする準備になります。「きしゃ」などの難しい特殊音節も、親や友達に説明してもらいながら段々と覚えていきます。じゃんけんに勝った方が「グリコ」「チヨコレイト」「パイナツプル」等と言いながら歩く遊びやカルタ遊びなど、会話から読み書きにつながる言語習得が埋め込まれている遊びも数多くあります（天野、１９８６年）。文化的な実践の中で、子供たちは遊びながら未来の学習を準備していると言えます。

まとめると、この立場は「知識」「理解」「活用（応用）」等の階層が「下から順に学ぶ」という順序性を決めてしまうのが良くないと批判していることになります。なぜなら、下から順に学ぶことは「学ぶことの必然性（それを学んだらどうなるのか、なぜそれを学ぶ必要があるのか）」を見えにくくする可能性があるからです。

そもそも、理解・活用・分析・統合・評価といった活動を豊富に含む授業の方が質の高いものになるということに反論する人は少ないでしょう。そうすると、それらの活動の間に無理に順序付けを行ったり、カリキュラムの系統性を決めるのに用いたりすることは不自然だということになります。[26]

⑤ ブルーム・タキソノミーに対する批判3：知的能力の見方

思考力等の知的能力について、発達研究を中心に、子供が生まれながらに自分で考えたり、判断したり、表現したりする力を潜在的に持っており、それを、日常生活のたくさんの問題を解く中で伸ばしていくものだと見る見方があります。その立場からは、「思考力等を身に付けることで初めて考えられる」という前提自体が疑問視されます。

思考の一要素となる「比較する」というプロセスを例に取ると、生後間もない乳児でも、母親の顔を他の人の顔と見分けたり、「1」とそれ以外の数を見分けたり、母語において区別される子音（例えば英語ならLとR）を聞き分けたりすることができます。こうした人間の生得的能力を基礎として我々の日常生活が成立していることを考えると、特別な領域だけで自動的に比較ができるのではなく、様々な領域で子供なりに「比較」は常時行っていると考えてもよさそうです。この立場に立つ認知科学者や学習科学者は、思考力等をゼロから特別な訓練を経て身に付けるべきだと捉える見方に警鐘を鳴らし、常日頃から思考力等を使った教育をすることに注力すべきだと提唱しています（Case, 1985, Moss, 2005、佐伯、1995年、2004年）。

科学や数学などにおける素朴概念の研究も、子供の思考力等に光を当てたものだと考えられます。これらの研究は、一面で見れば「子供が誤った考えを持っていること（それによって教授が難しくなること）」の発見でしたが、違う面から見れば「子供は日常生活の中で自分なりに様々な考えを結び付けていること」の発見でもありました。

⑥　批判のまとめ

まとめると、これら三つの立場は、「知識・技能の位置を最下位に置き、それを活用して思考力等を育成する」という学力構造が「知識・技能がないと活用もできない」と思わせ、それゆえに「まず習得してから活用する」という順序の学習活動をイメージさせてしまう点を批判したと言えるでしょう。ブルーム・タキソノミーが評価の枠組み（学力論）であったはずなのに、学習過程のガイドライン（学習論）に誤解されてしまうという批判です。

批判する側の立場は、知識・技能の位置付けを問い直し、思考力等を使って「質の高い知識・技能」を習得できる（思考力等を育成「しながら」知識・技能を習得する）可能性もあることを示唆しています。

⑦　両者の共通点

それでは、両者にいかなる共通点があるのでしょうか？　学力論（教育目標の定義）についての両者の共通項は、**質の高い知識や、より深い理解が教育目標として重要だ**と認めていることでしょう。石井（２０１４年）は、「知っている・できる」知識と「分かる」

26　例えばBereiter & Scardamalia（2005）は、「小学1年生で知識（記憶）」「2年生で理解」「3年生で活用」などと決めることの不自然さを考えてみてくださいと述べています。

知識、「使える」知識をレベルとして分け、その名詞としての対象に一致する形で「記憶（再生）」「理解」「活用」という動詞（行為）を対応付けています（図１３）。

つまり、大事なのは動詞の階層性や知的スキルではなく、知識に質があり、より高い質の知識を目指して教育が行われるべきだということでしょう。主眼は飽くまで後者にあるわけです。

もう一点大事なことは、内容と資質・能力がバラバラではなく、資質・能力を使って内容を学ぶことが知識の質を高める可能性があると考えられていることでしょう。

まとめると、「記憶」「理解」「活用」等の順序性を厳密に守ることよりも、**知識の質を高め、深い理解を生む教育をすることが大事**だということになります。

これを最も単純に図式化すると、図１４のとおりとなります。知識・技能など「教科等の内容」[27]を学ぶために資質・能力を使うということを意図しています。

(2) 資質・能力を活用できる内容が大事

① 資質・能力と教育内容

資質・能力を使うためには、それを働かせて学ぶための教科等の内容が充実している必要があります。世界で見られる知識の重要性の再確認や「本質的な問い」「ビッグアイデア」

27 図１３では、教科等の内容に当たる「知識」が円で表されていますが、図１４では知識は左の四角に表され、右の円は資質・能力を示しているという違いがありますので、留意ください。

図13　目指す学力の質（教育目標のレベル）の明確化（石井，2011を基に筆者作成）

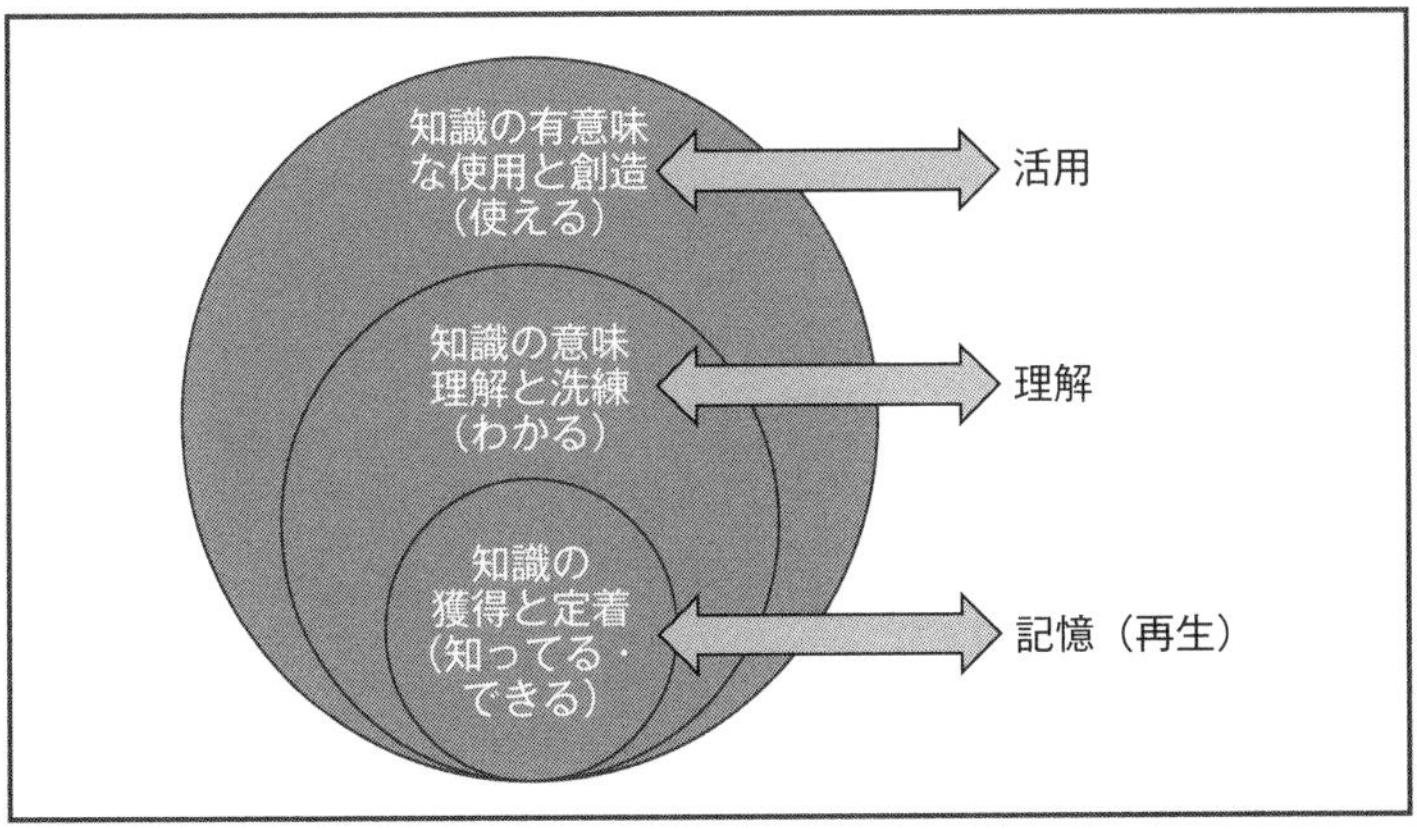

図14　資質・能力を使って教科等の内容を学ぶ

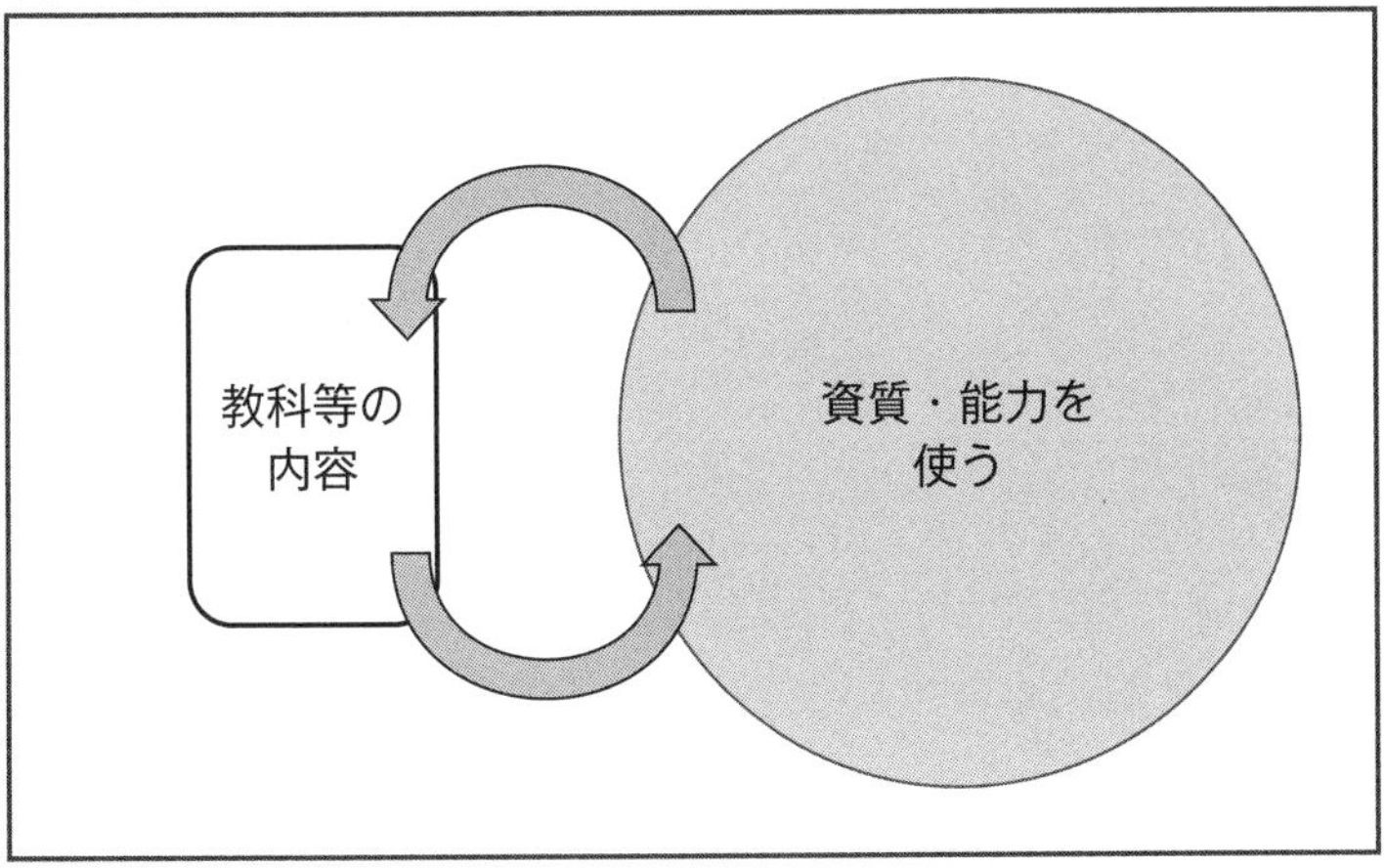

と呼ばれる内容精選の動き、知識と資質・能力の育成を一体的に行おうとする統合的・文脈的アプローチの提唱は、いずれも教科等の内容を「分かるともっと知りたいことが生まれてくる」ようなものに再編する試みです。

逆に、しっかりとした内容で学ぶことができれば、資質・能力も使いやすく、また育ちやすいことが示唆されつつあります。例えば、学習科学でも**表3**のように成功した実践は、どれも材料としての知識（教科等の内容）が充実しているものばかりです。

▽例えば、WISEプロジェクトは熱と温度に関する豊富な実験やシミュレーション、議論を通して初めて「熱」概念の理解や日常生活に科学を使う力の育成が可能になること、LBDプロジェクトは走る車のデザイン等を通して力学の三原則の理解と、科学者のように研究を進める力の醸成が可能になることを明らかにしています。いずれも一つの体験や講義ではなく、複数の課題解決経験を通して、そこで分かったことを結び付けていくことで、より上位の概念（「熱」や「力学の三原則」）を理解できるようなものになっています。

以上を図式化すると、**図15**のようになります。教科等の内容の学びを深めるために資質・能力を使って（右から左への矢印）、内容に関する知識を学んで結び付けると、一段上の概念的な理解が可能になり学びが深まる（左の小さい四角から大きな四角への拡大）ということを表しています。

表３　学習科学実践における知識（内容）と資質・能力の関係

プロジェクト	知識の獲得目標例	資質・能力目標
WISE	熱と光，遺伝子組換	日常的に科学を利用し学び続ける力
LBD	力学の３法則	協調的な科学研究のスキル
FCL	食物連鎖	読解し統合してアイデアを生む力
T-tool	加速度等の力学	「科学する」ための心の理論
KF/KB	単元の習得目標	書くことによって考えを深める力
Jasper	速度計算，確率	現実に問題を見つけ学習成果を応用して解く力
LeTUS	淘汰圧と進化，気象	モデル化によって現実を予測，判断する力

図15　資質・能力を使って内容を深める

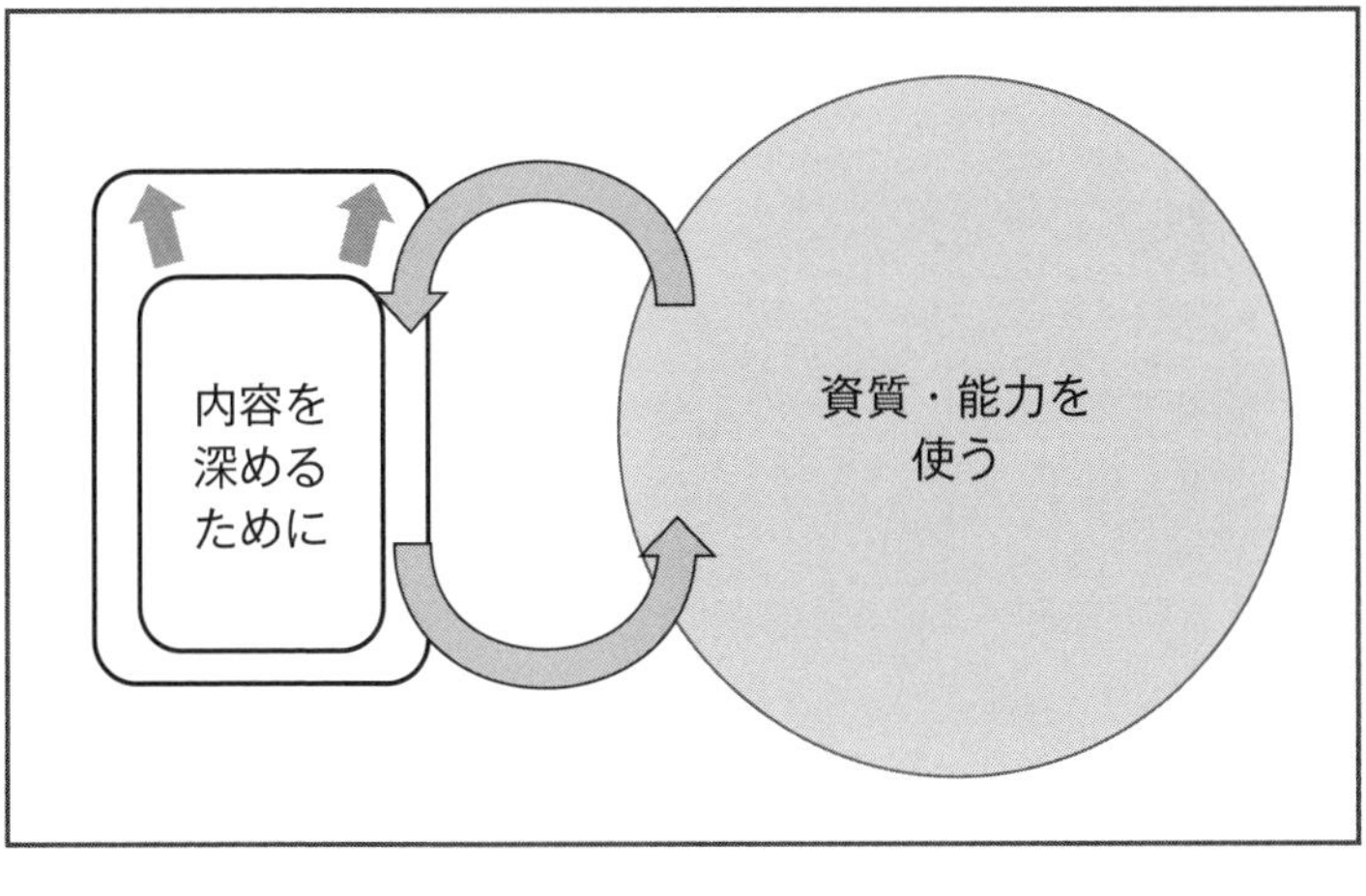

中教審諮問「初等中等教育における教育課程の基準等の在り方について」（平成26年11月20日）で言及された「アクティブ・ラーニング」も、単に子供を「活動的に」するものではなく、その**活動を通して学習が深まるものとなるべき**でしょう。「活動中心主義」と呼ばれる授業を超えるためには、活動から「何を学ぶことになるのか」「学習成果で子供が世界をどう理解できるようになるか」を問い、それによって内容を伴わせることが重要です。**図16**で図式化すれば、横軸において「右」の方向に向かうことではなく、それを通して縦軸の「上」に向かう授業をどう作るかという問いです。

②　資質・能力を使うべき教育内容：深さとは？

さて、問題は「深まるような内容」とは何か、ということです。それが分かると、「資質・能力を用いて学ぶ必要がある知識」と「それほど必要ではない知識」とを見分けることができそうです。[28]

結論を先取りすると、思考力等の資質・能力を用いて学ぶ必要があるのは「概念」であり、それほど必要ではないのは「概念ではない／概念にはなりにくい事実的知識」だ、というのが一つの答えです。両者の区別を具体的に検討しましょう。

まず後者は、私たちが生活する世界に直結した知識です。例えば、「犬」「牛」「潮の満ち引き」「落下」は全てそれが指されるもの（referent）に結び付いた知識（reference-centered knowledge）です。これは、人間にとって「基本レベルカテゴリ」と呼ばれる「外界にそ

郵便はがき

料金受取人払郵便

本郷局
承認

3601

差出有効期間
2022年２月
28日まで

1 1 3 8 7 9 0

東京都文京区本駒込5丁目
16番7号

東洋館出版社
営業部 読者カード係 行

ご芳名	
メール アドレス	@ ※弊社よりお得な新刊情報をお送りします。案内不要、既にメールアドレス登録済の方は右記にチェックして下さい。□
年 齢	①10代 ②20代 ③30代 ④40代 ⑤50代 ⑥60代 ⑦70代～
性 別	男 · 女
勤務先	①幼稚園・保育所 ②小学校 ③中学校 ④高校 ⑤大学 ⑥教育委員会 ⑦その他（ ）
役 職	①教諭 ②主任・主幹教諭 ③教頭・副校長 ④校長 ⑤指導主事 ⑥学生 ⑦大学職員 ⑧その他（ ）
お買い求め 書店	

■ご記入いただいた個人情報は、当社の出版・企画の参考及び新刊等のご案内のためにに活用させていただくものです。第三者には一切開示いたしません。

Q　ご購入いただいた書名をご記入ください

（書名）

Q　本書をご購入いただいた決め手は何ですか（1つ選択）

①勉強になる　②仕事に使える　③気楽に読める　④新聞・雑誌等の紹介
⑤価格が安い　⑥知人からの薦め　⑦内容が面白そう　⑧その他（　　　　　　）

Q　本書へのご感想をお聞かせください（数字に○をつけてください）

4：たいへん良い　3：良い　2：あまり良くない　1：悪い

本書全体の印象	4—3—2—1	内容の程度/レベル	4—3—2—1
本書の内容の質	4—3—2—1	仕事への実用度	4—3—2—1
内容のわかりやすさ	4—3—2—1	本書の使い勝手	4—3—2—1
文章の読みやすさ	4—3—2—1	本書の装丁	4—3—2—1

Q　本書へのご意見・ご感想を具体的にご記入ください。

Q　電子書籍の教育書を購入したことがありますか?

Q　業務でスマートフォンを使用しますか?

Q　弊社へのご意見ご要望をご記入ください。

ご協力ありがとうございました。頂きましたご意見・ご感想などをSNS、広告、宣伝等に使用させて頂く事がありますが、その場合は必ず匿名とし、お名前等個人情報を公開いたしません。ご了承下さい。

図16 「アクティブ・ラーニング」に内容を伴わせる

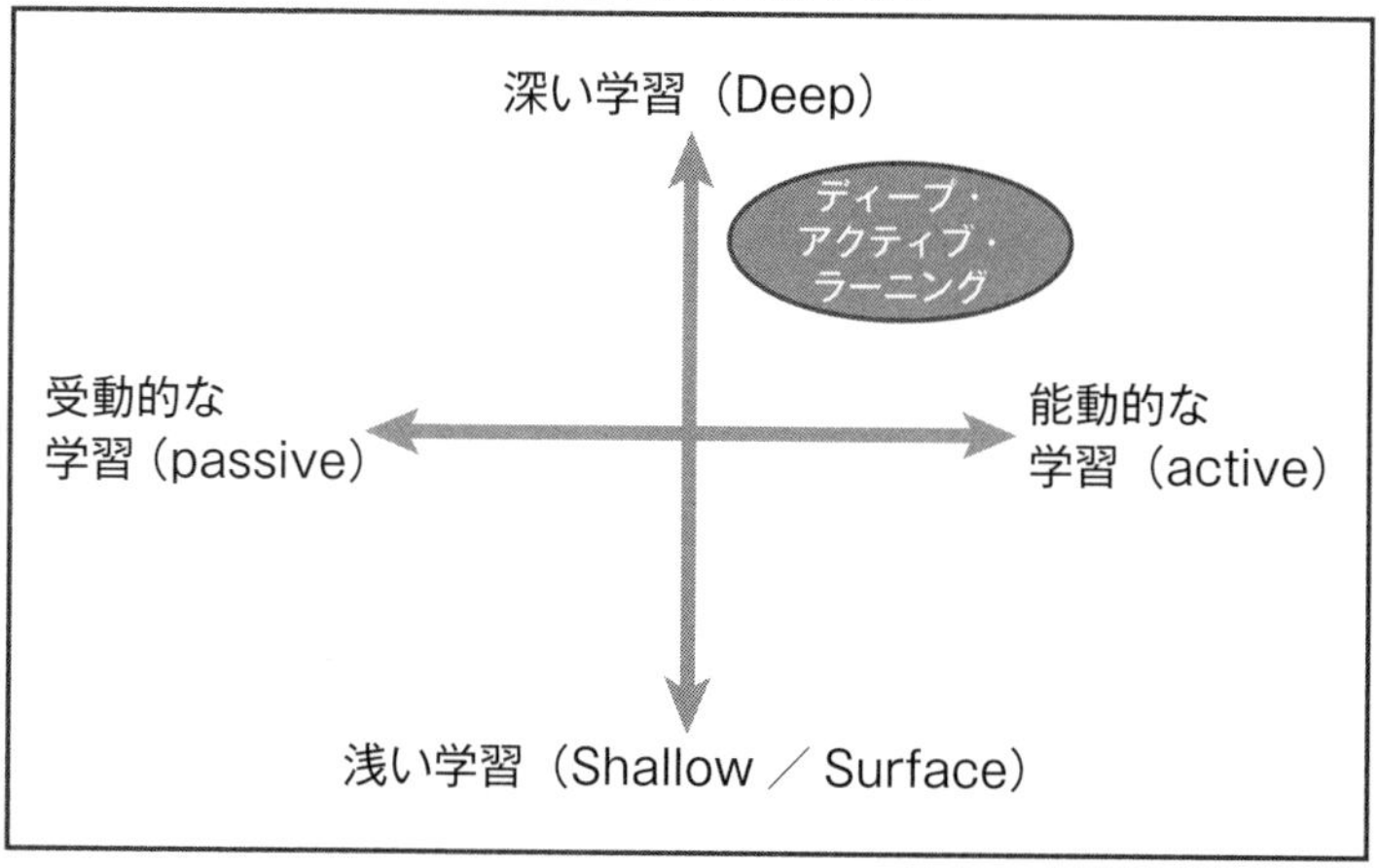

のまま存在する」と私たちが認識する知識です。だから、議論したり、批判したり、作り変えたりすることが難しいです。このタイプの知識には「名称」「記号」「表記」「位置」などが含まれます。[29]

これに対して概念は「ほ乳類」や「重力」など、世界を理解するために、人類が創造してきた認識のための道具です。ですから、よりよいものを求めて議論、批判、作り変えが可能なのです。「犬」と「牛」という見た目

28　これは一概に答えを出すのが難しい問題です。教育者が「何を教えたいか」、学習者が「何を知りたいか」「何を学びたいか」「それまでに何を知っているか」「どういう状況に置かれているのか」等によって、知識の間の線引きが相対的に変わるためです。

29　名称も理由を持って存在していることがあるように「なぜ」を問うことは可能です（例えば「なぜ水曜日の次は木曜日なのか」を問う子供は「そう決まっているから」という以上の答えを求めていると言えます）。その点で、これらの知識も概念と呼べる場合があります。

は違うが、一緒にするとよさそうな特徴を持つものをまとめるために「ほ乳類」という概念が発明され、「潮の満ち引き」と「落下」を両方とも説明するために「重力」という概念が発明されてきました[30]。

ですから、概念を本当に理解するためには、その概念で人類がどのような問題を解こうとしてきたかを捉える必要があります。逆に、文化的な財産、あるいは過去の問題解決の道具として概念を学ぶことで、世界をより良く理解することができるようになります。アリストテレスが「概念の理解は太陽のようだ」と言ったように、**概念を学ぶことで他の概念も理解しやすくなり、現象の不一致や例外がすっきりと理解できる**ようになり、新しい考えの道筋を照らし出してくれます。

このように「概念」を深く理解する、あるいは知識の「量」ではなく、「質」を上げることを目的とするならば、子供が「自分の学んだことが何の役に立ったのか」「自分の日常経験ベースの考えを作り変え世界を新たに理解できるようになったのか」という世界や自己認識の刷新を感じ取ることが重要になります。どのような教育方法にせよ、子供自身が学ぶ前より学んだ後で「進歩」していくことが大切になります。この「進歩」を引き起こすことができるような内容が「深まりやすい内容」と言えるでしょう。

これは子供を「進歩する者」「知識を自ら創る者（構成主義者）」と見なす点で、「資質・能力」が必要になる理由も説明します。なぜなら子供を主体的・能動的な存在と見なす点で、単に知識を受容的に記憶するだけでなく、知識を創る「力」を問題にするからです。

資質・能力教育は、子供が自ら知の作り手になり得るという見方（学習観）に立ち、実際にそうできる教材や学習活動を準備することによって、子供自身に資質・能力が身に付いていくサイクルを引き起こす教育だと考えることもできます。

③ 教育内容と教育方法の関係

以上のように考えると、概念理解のための第一歩は、それが生み出された問題状況を理解すること（Popper, 1972, p.182）になるため、どのような教育方法で―問題解決型の学習でもレクチャでも―なされてもよいことになります。

問題は、概念が先述のreferent-centeredのモードで、外界と直結する知識として教えられてしまうことです。どんなものが「ほ乳類」かを覚え、区別できたとしても、それがどういう生物分類上の問題を解決したかに全くつながらない理解であれば、「道具としての概念」を学んだことにはなりません。それでは、子供が「ほ乳類」と聞いたときやテストで問われたときだけに思い出せる知識になり、子供自身が世界を理解し世界の問題を扱うための生きた知識にはなりにくいからです。

確かに断片的な知識も、人と会話やコミュニケーションし、共通認識を持つためには重要です（ハーシュ、１９８７年／１９８９年）。クイズに答えられる楽しさや流行の話に

30 現行の生物学関連の学習指導要領や教科書が、形態による分類から、専門家にとって、より有意義・有用な「ゲノム」という概念を用いた分類（平易には遺伝子による分類）へと変わりつつあるのは、その一例です。

付いていきたいという欲求、あるいは同好の士にしか分からない細かい情報を共有する喜びなど、知識には「知っていること」自体に価値がある面があります。このタイプの知識は「〇〇って知っている？」というreferent-centeredのモードで獲得しやすいものです。授業でよく見られる一問一答方式の会話は、このモードの延長だと言えそうです。

ところが、このモードのまま概念を教えようとすると、困難が生じます。問題解決型の学習をしても、単に「重力」にまつわる体験やエピソードをためているだけでは、重力の概念理解に到達することは難しいでしょう。話合いを用いた学習で「重力」について「知っていること」を並べ上げても同様です。だからこそ、重力という概念を使って解くべき「問題」を提示できているか、そのために子供の経験則を超えるような「教材」を与えられているかが重要になります。

以上のように考えると、資質・能力を重視する教育は「何を教えるべきかをどう考えるか」という点についても、従来と異なる考え方をしようとしている面があります。つまり、従来の内容重視（コンテンツ・ベース）の教育は、特定の理論や概念、事実を学習者の「頭」に入れることを教育だと考えていた面があったのに対し、資質・能力教育では、それらを「使って」学習者自身が活動することを通じて世界について理解を深め自分たちの信念を変えていくことが教育だと考えている面[31]があるのです。

このような変革においては、「教える」あるいは「学ぶ」とはどういうことかに関する我々大人の認識が、具体的な教育方法以前のところで重要になってきます。

④ 疑問への示唆

以上の考えは、本節の冒頭に挙げた疑問についても、次の示唆を与えます。

「なぜ活動中心主義が生まれるのか？」という疑問に対して、「学習目的—何のために活動するかという目的—がはっきりしていないから」という回答がありますが、上記の論考を基にすると、「学んだ成果で子供たちが世界をどう理解できるようになるかがはっきりしていないから」と言えるでしょう。つまり、「その活動を通して子供たちが何を考え、何を理解し、どのような問題を解けるようになり、世界をどのように説明できるようになるかが明確になっていないからだ」と考えてみることができます。

「見通しと振り返りを子供たちのものにするためには？」という点については、「世界を理解するための道具をどの程度入手できたか」—「自分たちの理解がどこまで進んだか」「これまで分かっていなかったことで、今分かるようになったことは何か」「前はどう考えていたのか」「これはその先にどのような探究の世界を開くのか」など—と考える習慣を付けることが有効な場合があります。

31　卑近な例で言えば、子供たちから「なぜそれを学ばなければならないのか」と聞かれたときに、「テストに出るから」ではなく、「あなたの世界の見方が変わり、あなた自身の考え方が変わる可能性があるから」という答えを差し出そうとするなどです。

(3) 資質・能力の質を高める自覚が大事

前節(2)までで、子供自身の資質・能力を使って概念を中心に学びの質を深めることの重要性を見てきました。ですが、それだけでは、「生きる力」が授業からどう生まれるのか、教科等を超えた人間性に関わるような力がどのように身に付くのかがイメージしにくいかもしれません。「資質・能力」という言葉で私たちがイメージするのは、教科等を超える力であることが多いのではないでしょうか。しかし、それが教科等の内容と無関係な論理的思考やコミュニケーション・スキルのトレーニングで身に付くものではないことは、本書第2、3章で見たとおりです。したがって、教科等の授業とそれらの力をどう結び付けていくかを考える必要があります。

一つのヒントが、本書第1章囲み1―1で紹介したシンガポールの「生産的な失敗」授業の例でしょう。そこでは、生徒が「誰も答えの知らない問題」に仲間と取り組むことで、概念の深い理解と同時に「粘り強さ」を身に付けていました。これは飽くまで数学授業の話でしたが、「数学をやる上での粘り強さ」が様々な教科等で身に付いてくると、その総体として、学校の石碑に良く見られるような学校独自の教育目標―例えば「粘り強さ（レジリエンス）」等―の実現に近づいていく可能性があります。[32]

以下では、「1．教科等の内容の学習を資質・能力育成につなげる道筋」、学び方を学ぶことを通して「2．メタ認知を資質・能力育成につなげる道筋」と「3．『前向きに学ぶ』習慣を身に付ける道筋」の三つの観点で知見を整理します。

① 内容から資質・能力へ

子供たちが学ぶ大事な概念を「ビッグアイデア」と呼ぶ動きがあります。左のカナダのオンタリオ州カリキュラムはその一例です。

> ビッグアイデアは、児童生徒が学習したことの細かい部分をほとんど忘れた後でも、長く覚えておくべき広く重要な本質の理解である、……ビッグアイデアの理解をより深く育てるには、児童生徒は基礎概念を理解し、探求と問題解決スキルを身に付け、それらの概念とスキルを教室の向こうにある世界と結び付けなければならない。
>
> （オンタリオ教育省、２００７年、６頁）

オンタリオ州では「科学と技術」（第１～８学年）の２００８年改訂版からビッグアイデアに言及し始めました。この「科学と技術」は、「ライフシステムの理解」「構造とメカニズムの理解」「物質とエネルギーの理解」「地球と宇宙システムの理解」という四つの「ストランド（教科の区切り）」からなり、それに基づいて各学年で学習内容が設定されています。この内容に関わる「基本概念（fundamental concept）」と対応する形で、

32　こうした力は、受容学習と対比した「発見学習」の利点として良く言われてきたものです。

表4のようにビッグアイデアが提示されています。基本概念とは、第１学年から第１２学年までを貫き、理科教育のカリキュラムを編成する骨格となるものです。具体的には、「物質」「エネルギー」「システムと相互作用」「構造と機能」「持続可能性と責務」「変化と継続」の六つであり、様々なストランドに登場します。ビッグアイデアは、表に見るように、基本概念を内容で具体化し、児童が自分たちの日常や社会生活に結び付けられる形で「分かっておいてほしいこと」を記述したものになっています。なおかつ、上から順に見ていくと、**学習内容を結び付けていくことで、最後には、資質・能力にもつながるような「社会の在り方」を考えるものになっています。**つまり、ビッグアイデアを結び目として「持続可能性」の観点を科学や技術の内容に結び付けることで、教科の学習を基に態度まで育成することを狙ったものだと言えます。

ビッグアイデアは、社会科・地理・歴史（第１〜８学年）の２０１３年版にも登場しています。**表5**のとおり、各ストランドの学習目標と「教科に関する思考力」[33]において、それらに関連した内容のビッグアイデアが提示されています。理科と同じように、国や国民の在り方を考えさせる学習内容が含まれています。

以上より教科を超えて「持続可能性」の視点を身に付けさせようとする意図が見て取れます。**知識・技能を「ＷＨＹ（なぜこうなっているのか）」「ＷＨＡＴ ＦＯＲ（何のためにこれはあるのか）」といった観点で捉え、それを各教科等あるいは教育課程全体で一貫することで、教科等の内容から資質・能力につなげようとする道筋**だと考えられます。

表4　オンタリオ州カリキュラム　科学と技術「電気と電子機器」(第6学年)

基本概念	ビッグアイデア
エネルギー	● 電気エネルギーは，他のエネルギーに変換可能である。 ● 他のエネルギー形態は，電気エネルギーに変換可能である。
システムと相互作用	● 社会において電気エネルギーは重大な役割を担っており，その生産は環境にインパクトを与えている。
持続可能性と責務	● エネルギー生産が環境に与えるインパクトを最小限にする方法を見付けなければならない。

表5　社会科「人々と環境：グローバル・コミュニティとカナダの相互関係」(第6学年)

学習目標	教科に関する思考力	ビッグアイデア
グローバル問題に言及しながら，国際協力の重要性について説明し，国際社会におけるカナダやカナダ国民による行動の効果について評価する。	相互関係 パースペクティブ	カナダやカナダ人の行動は，世界に変化をもたらすことができる。
政治的・社会的・経済的そして（又は）環境の重要性に関するグローバル問題，グローバルな社会へのインパクト，問題に対する反応について社会科の問いのプロセスを利用しながら調べる。	原因と結果	グローバルな問題には，グローバルな行動が求められる。
世界の幾つかの地域に対するカナダやカナダ人の関与の重要性とインパクトについて説明する。	重要性：パターンと傾向	カナダとカナダ人は，世界中で様々な方法で活動している。

今回はオンタリオ州を例に検討しましたが、この道筋は第2章で見たように諸外国や国際バカロレア等のカリキュラムで広く見られるものです。

②学び方から資質・能力へ：メタ認知の重要性

①の「内容から資質・能力へ」という道筋に対して、今度は「学び方から資質・能力へ」の道筋を考えてみましょう。

33　原語はdisciplinary thinking。「教室内外の生活における重大な出来事や問題について批判的に考える能力の発展を促す構成概念」と紹介されています。

学習科学における初期の論考の一つに、囲み4―6の同じ理科の内容を教える場合にも三通りのやり方があると対比したものがありました（Scardamalira & Bereiter, 1991）。

囲み4―6：三人の先生とその授業スタイル

A先生：子供の学びは活動の結果ついてくると考えるため、活動に関心がある。理科の学習なら、種を集め、植物を育て、実験装置に慣れることが理科の学びにつながると思っている。子供の活動の質と量を評価する。

◀**活動を有意味化する**

B先生：知識や理解に関心がある。学習目標を設定し、既有知識を喚起し、刺激的で議論をガイドする問いを投げかけ、探究を指示して、理解度を評価する。学習過程の高次なコントロールは教師に全権がある。

◀**学習者を主体に据える**

C先生：B先生と同じプロセスをたどるが、その高次なコントロール権を生徒に手渡そうとする。したがって、生徒自らがゴールを形にし、自分たちで既有知識を活性化し、自ら問いを問い、探究を方向付け、理解度を自己評価する過程を支援する。

A先生より、B先生のクラスの方が、子供に知識・理解等がしっかりと定着すること、さらに、C先生のように子供の思考力や問題発見・解決力まで使って、科学的に考える力やものの見方・考え方を育てようとすることで、育成が実際に図られやすくなることは想像できるでしょう。C先生の立場は、学習過程そのものを子供に委ねる点で、B先生と一線を画しています。第3章の用語で言えば、メタ認知を求めています。B先生の授業では質の高い知識・理解、思考力等は保証されそうですが、C先生では探究過程に携わる力（科学的な考え方）や実践的な科学の力までが育成されやすいでしょう。

教育の目標（ゴール）の観点から見ると、A先生の授業には「ゴールがない」、B先生の授業では「ゴールが先生にある」、C先生の授業では「子供にゴール作りが委ねられる」と言えます。「問い」で言うと、A先生の授業には「問いがない」、B先生の授業では「先生が問いを問う」、C先生の授業では「子供が問いを問う」ことになります。

▽ただし、このC先生が期待する学習過程を実現することは、初学者である子供にとって、とても大変です。また、実際にその過程が成立したように見えた場合も、「子供一人だけ」でできているわけではなく、たくさんの大人や仲間、教科書、ツールなど外界に支えられていることが多いです。したがって、学習活動を総合的にデザインして初めてC先生のような授業が現実のものになるのでしょう。この点については、次の⑷節で詳述します。

右記のような提言は、たくさんの実践につながりました。例えば、同じ内容でも「内容」習得に加えて「科学スキル」獲得や「認識論・メタ認知」形成まで狙うことで学習効果が向上した実践例（White & Frederiksen、２００７年）があります（囲み４―７）。

囲み4—7：理科教育実践の目標と成果（シンカーツール・プロジェクト）

ホワイトらは、小中高生対象の理科教育を30年間繰り返す中で、学習目標を変更し実践を改善しました。一貫して用いたシステムは、上図のようなシミュレーションツール（シンカーツール）でした。それを使って児童生徒が誤概念を持ちがちな力学等の分野について、彼らの素朴な知識を出発点として引き出し、教科書にあるような公式が理

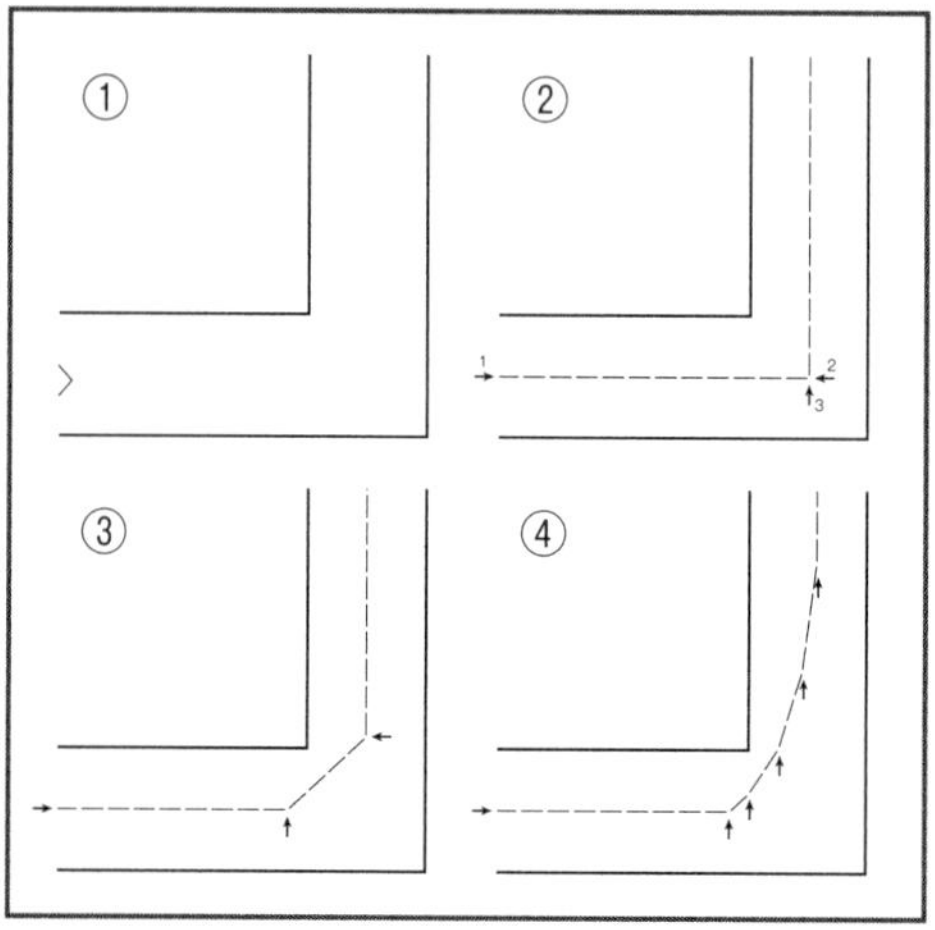

解できるようになるまで、力と運動に関する質的なモデルを作ることを支援しました。児童生徒は最初に「摩擦と重力のない一次元の小世界（マイクロ・ワールド）」でドットに衝撃を与えてターゲットに当てるゲームをしながら、「力を掛けた度合いと方向に応じて物体が動く」という直感を強化します。同時に、いったん力が加わると物体が動き続けるというニュートンの第一法則の実例も観察します。次に「二次元の小世界」に移り、動いている物体に矢印の力を加えてコーナーを曲がるようにする上図の課題などに取り組みま

す。それを通して児童生徒は物体が押された方向に進むわけではないことや力が二つの独立した成分に分けられることを学び、１２４頁の図の右上②、左下③、右下④のような解決策を編み出していきます。第三の小世界では、様々な頻度で物体に衝撃を与える経験を通して「重力のような連続する力は、小さな衝撃が非常に速く連続して加えられる極端な場合とも考えられること」を理解します。最後の小世界は、重力や摩擦がある世界で「軌道の分析」を行うことで、日常生活の物理的な現象を小世界と結び付けて分析できるようにします。

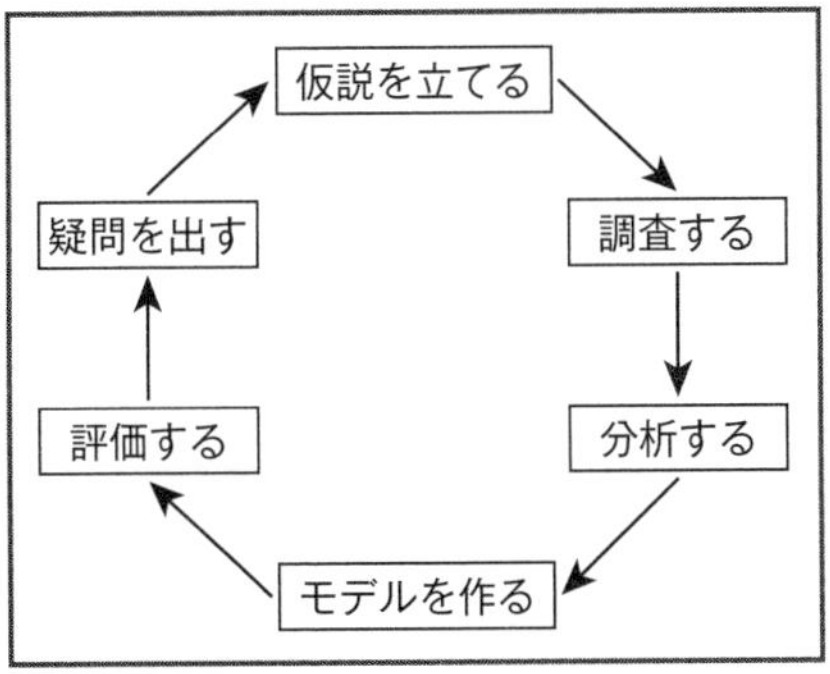

実践における最初のフェイズでは「科学モデル（科学的な推論や現象理解のためのモデル）」の理解・習得を目的としていました。それぞれの小世界について先生は「動機付け：日常の物体がどう動くかを予測させて児童生徒に興味を持たせる」「モデルの発展：二人一組で小世界の問題を解き、多様な実験を通して法則を発見する」「公式化：実験データを最も正しく、一般的かつ簡潔に説明する法則をクラスで議論する」「転移：動機付けの段階で予測した問題など日常場面に法則を適用し、自分たちの最初の答えや直感の間違いを自覚する」という教授サイクルを回します。これにより小学６年生でも

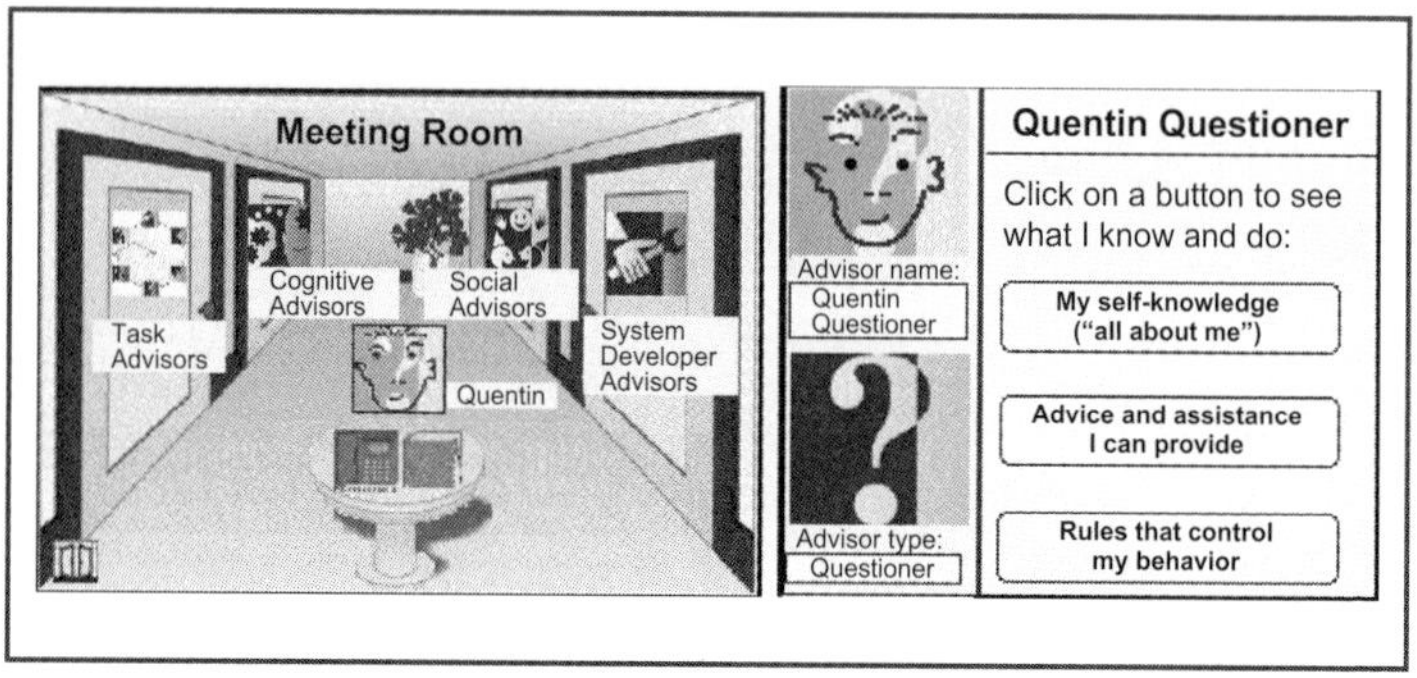

ニュートン力学の基本を理解できるようになりました。

しかし、ホワイトらは実践を繰り返すうちに、児童生徒らが対立仮説を議論することを楽しみ、自律的に探究する姿を見て、上記のような教授サイクルを先生に与えるだけでなく、科学モデルを児童生徒自らが作り出すことを支援したいと願うようになりました。そこで次のフェイズでは「探究のサイクル（Inquiry Cycle）」を125頁の図のように図式化して生徒と共有しました。それによって「科学的探究スキル（予測、実験、分析、モデル化、評価、疑問生成の繰り返しでモデルを作り精緻《せいち》化する）」の獲得を支援しました。

更に実践を繰り返すうちに、生徒たちが「どのようなグループで作業すると、一番効果が上がるか？　視点の違いが大事か？」等と議論しているのを見て、ホワイトらは、科学的探究を行うための「心の理論（質問・分析等の認知、計画・振り返り等のメタ認知、協働・コミュニケーション等の社会的認知の仕方）」の獲得を支援目標にしました。児童生徒は125頁の図の探究の段階ごとに126頁の図のような役割を付与されたエージェントと対話しながら、小世界を探究していきます。図は質問役のクウェンティンで、児童生徒の立てた問いに「わかりきった答えが出る問いではないか？」「答えが分かれるような問いか？」などと聞いてきます。

以上の実践を通して、最終フェイズでは、小学校6年生が座学で学んだ高校生以上に力学を理解するなど学習成果が向上しました。さらに、科学的な探究スキルも習得できていました。二番目のフェイズにおける探究スキルの学習までなら、「理科はこうするものだから」と手順のセットを丸暗記して終わりになりかねません。しかし、最後のフェイズでもう一段抽象的な観点から「科学者のやり方」を考えることで、科学的探究も人間の認識の一手段であることに気付き、その意味や意義を理解しやすくなったのです。

（White & Frederiksen, 2007、ブルーアー、1993年／1997年に紹介あり）

囲み4―8のように、自分たちの協調的な探究過程がどれだけ科学者の探究過程と似ているかを考えることで、子供が科学の見方自体を変え、「科学が生み出すのは飽くまで『仮説』でしかない。だから、それぞれの考えの違いをぶつけて、よりよい仮説を作り続けていくしかない。それが科学の営みなのだ」という見方ができるようになる例もありました（Lin & Chan, 2014）。ここまで来ると、理科の授業が民主的な社会の作り方にも関わってくるものになりそうです。

囲み4―8：自分たちの探究を科学者の探究と見比べる（知識構築プロジェクト）

香港の小学5年生がナレッジフォーラムという学習支援システムの概念地図を使いながら理科を学んでいきました。その際二つの教室が比較され、片方は単に「何が電気を通すか（伝導性）」を協調学習で学びました。もう片方は同じように学んだ後で、左図のような絵を見て、科学者が何をやっているかを学び、それと自分たちの概念地図の作り方を見比べました。結果として、自分たちの協調的な学習過程を科学者のやり方と結び付けて、科学者の仕事や理論の役割についてより深く理解しました。同時に理科の内容についてもより深く理解しました（左頁の図を参照）。

日本の実践でも、算数の「割合と分数」を教える際に、「算数固有の知識」を基に「数学的な考え方：日常場面を問題として定式化・一般化・構造化する考え方」や「汎用的スキル：日常事象をモデリングしてそのモデルの正解で処理するスキル」までを視野に収めた実践（齊籐・奈須、2014年）や「人間形成のための学力」を全教科等で取り組む例など枚挙にいとまがありません。

さらに、日本のもう一つの大きな流れとして、特別活動や総合的な学習の時間を初めとして、より高次な学習目標を狙い、実際児童生徒が集団でその目標に挑んできた蓄積があります。総合的な学習の時間の目標を131頁の**図17**で確認しておきます。

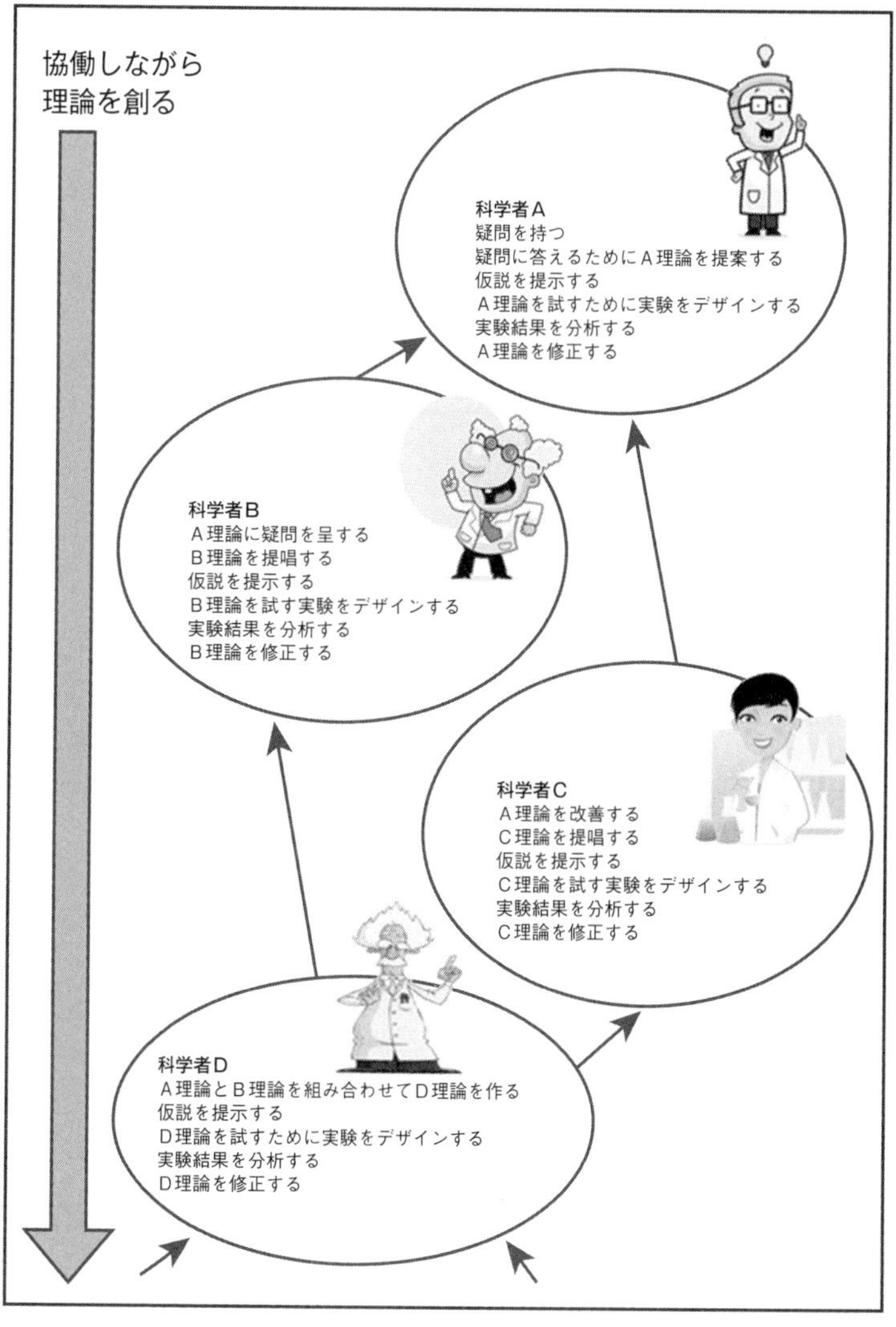
協働しながら
理論を創る
科学者A
疑問を持つ
疑問に答えるためにA理論を提案する
仮説を提示する
A理論を試すために実験をデザインする
実験結果を分析する
A理論を修正する
科学者B
A理論に疑問を呈する
B理論を提唱する
仮説を提示する
B理論を試す実験をデザインする
実験結果を分析する
B理論を修正する
科学者C
A理論を改善する
C理論を提唱する
仮説を提示する
C理論を試す実験をデザインする
実験結果を分析する
C理論を修正する
科学者D
A理論とB理論を組み合わせてD理論を作る
仮説を提示する
D理論を試すために実験をデザインする
実験結果を分析する
D理論を修正する

このような学び方を通して、日々の学習経験の総合が資質・能力の育成につながっていることをどのように評価したらよいのでしょうか？　一つの試みとして、セントラル・パーク・イースト中等学校では、「思慮に富む人物、私たちが誇りをもって『我が校の卒業生』と言いたくなる人」を生徒や教員、保護者全員で定義し、実際にその代表となる生徒を同定して、大学に推薦することを行っています。具体的な定義は、「思慮に富む人物」を「どんな問題状況に直面しても、次の問いへの答えを出そうとする者」と考え、五つの問いを設けています（マイヤー・シュワルツ、2007年／2013年）。これは、「学び方の結晶」としてどのような態度が形成されるとよいかを学校全体で考え、それに向けて自分たちも成長しようとすることで、学び方を資質・能力につなげる例だと言えます。

▽「自分の知っていることはどうすれば分かるか（証拠）」
▽「誰の視点から提示されたものか（観点）」
▽「他の活動とどんなつながりを持つか（関連）」
▽「事情が違えばどうなるか（推測）」
▽「なぜそれが重要なのか（レリバンス）」

③ 学び方から資質・能力へ：前向きに学ぶ重要性

ここでは、学び方をそのゴールや時間軸との関係で検討します。なぜなら、本書第1章

図17　総合的な学習の時間における高次な資質・能力目標（小学校の場合）（文部科学省，2008から作成）

視点		小学校
学習方法に関すること	課題設定	・問題状況の中から課題を発見し，設定する ・解決の方法や手順を考え，見通しを持って計画を立てる
	情報収集	・必要な情報を収集し分析する ・手段を選択し，情報を収集する
	思考分析	・問題状況における事実や関係を把握し理解する ・多様な情報の中にある特徴を見付ける ・課題解決を目指して事象を比較したり，関連付けたりして考える
	表現	・相手や目的に応じて，分かりやすくまとめ，表現する ・学習の仕方や進め方を振り返り，学習や生活に生かそうとするなど
自分自身に関すること	意思決定	・自らの行為について意思決定する
	計画実行	・目標を設定し，課題の解決に向けて行動する
	自己理解	・自らの生活の在り方を見直し，実践する
	将来設計	・自己の将来を考え，夢や希望をもつなど
他者や社会との関わりに関すること	他者理解	・異なる意見や他者の考えを受け入れる
	協同	・他者と協同して課題を解決する
	共生	・身の回りの環境との関わりを考えて生活する
	社会参画	・課題の解決に向けて地域の活動に参加するなど

及び本章1節で指摘したとおり、これからの時代は、児童生徒が意図的かつ持続的に学ぶことの重要性が一層高まるからです。

毎回の授業で、先生が用意した課題を解いて終わりになるだけですと、授業と授業がつながっていきません。これに対して、解けなかった問題や解いて生まれた疑問を自分で考え続けることや、面白かった話を家庭や地域に帰って話すことなどができるようになると、学びがつながり、持続的な学びが生まれてきます。それは、学習者が学びのゴールを自ら引き上げていく過程だとも言えます。この「意図的学習（intentional learning）」と呼ばれる学習過程は、次のような研究から見えてきました。

一般的に、熟達者ほど初心者より少ない認知的労力で流暢《りゅうちょう》に、すらすらと課題を実行します。ところが、作文や医学、音楽、プログラミングの学習などの分野では、熟達者ほど初心者より多くの労力や時間をかけます。この矛盾を解消するために、こうした不良定義問題（ゴールが明確に定まっていない問題）における熟達者と初心者の解決過程を詳しく調べた結果、熟達者は、仕事に慣れて自動化してくると、その余った認知リソースを振り分け、より高度なレベルの問題に挑戦する傾向があることが示唆されました（Bereiter & Scardamalia, 1993）。

子供がこうした学びを学校で行えるようになれば、単なる学習スキルや学習方略を学ぶ「自己調整学習（self-regulated learning）」を超えた「意図的学習」が可能になります。意図的学習とは、教師の定めたゴールを超えて、子供自らが長期間にわたって獲得したい知識や能力を自分で見定め、持続的に学び続けていく過程のことです。教師の設定した正解に到達できれば終わりになる「正解到達型」のゴールではなく、到達したら次のゴールが探せる「目標創出型」のゴールが追求されるのです。

意図的学習ができるようになると、日々の授業が終業のチャイムで終わるものではなく、「今日学んだことを使って何ができるようになるか」「どうしたいか」「何をすべきか」を主体的に考えることができるようになります。講義を聴いても「この話をどう使えるか」「何の役に立つか」という態度で聞くことができるようになるでしょう。こうした学び方、及びそれを引き起こす教育を総称して「前向きアプローチ」と呼ぶ研究者も出てきています（グリフィンら、２０１４・Scardamalia & Bereiter, 2013）。

このような「前向きさ」を評価する一つの指標は、「疑問」や「次に知りたいこと」になります。それらは、一人一人の既有知識や先行経験と、学んだこととの間の相互作用で生まれてきますので、それぞれ多様である可能性があります。そう考えると、評価も一律で決まらず「前向きに」変えていく必要があるのかもしれません。

いずれにせよ、知識・技能の習得をゴールにするだけでは「習得して終わり」になりがちですが、それを基に子供がどんな疑問を持ち、どんなことを学びたくなるかなど、「何ができるようになるか」まで考えると、明日の学びにつながる教育がしやすくなるのではないかというのが、この「前向きアプローチ」の主眼です。

これは、日本の学校教育における「関心・意欲・態度等」の評価と関連します。児童生徒が「何を知っているか」「教えた通りに問題が解けるか」だけでなく、「自主的に学ぼうとするか」「どんな問題を見付けるか」で評価することを考えると、評価や授業の仕方を再考したくなるのではないか、というのが上記の評価の枠組みで目指されたことの一つでしょう。

しかし、そもそもどうしてこのような「明日につながる学び」へと学び方を変える必要があるのでしょう？　それは佐伯が以下に指摘するように、学習を「誰かから答えを教わること」から「自分で答えを作り出すこと」に変えていくパラダイムシフトと密接に関係するからです。[34]

日本人は勤勉で勉強家だという。……時間があったら何か〝勉強〟したいと考える主婦やサラリーマンは結構数多い。しかし、その場合の〝勉強〟とは、「誰かに教えてもらうこと」であって、自分たちで考えたり探求したりすることではないことが多い。日本人は一生涯を「研修期間」で過ごす。磨き上げ、習練し続け、死ぬまで「修業中」なのである。つまり、文化の創造への参加は、いつまでも後回しにし続けて生きているのである。「できる」を「わかる」から分離して修業し、教えてもらって生き続ける。

（佐伯、２００４年、１９頁）

前向きな教育と対比されるのは、教員がゴールを決めてそこから逆算して「児童生徒がたどるべき学びの過程」を決め、その過程をたどらせて一定時間内にゴールまで到達させるという「後向き」な教育です。その問題の一つは、時間内にゴールに到達できる子供とそうでない子供が生まれ、子供たちの間に不自然な優劣の差を生む点にあります。ここで「不自然」とは、子供たちの潜在的な学ぶ力を最大限引き出しているわけではない教育の中で、という意味です。もう一つの大きな問題は、「ゴールに到達したと定義される行動が取れること」そのものが目標になるため、「できれば終わり」になり、その場で学んだことを発展的に使う機会がない点にあります。

もちろん、前向き教育でも学習者個人が自主的に特定の知識や技能の習得に時間をかけることは否定されません。問題は、全ての授業が後向きなアプローチで行われることによって生ずる弊害です。

④ まとめ

以上の①②③の内容を振り返り、(1)からの内容と合わせてまとめてみましょう。まず、思考力等の資質・能力を人が生まれつき持ち自然に使っているとしても、そのこと自体を自覚しているとは限りません。それゆえ、一つの鍵は「高次な資質・能力目標」を大人がちゃんと設定できるかということにあります。つまり、子供たちが資質・能力を使えるよ

34　本書第3章8、9節の内容で言えば「獲得メタファ」や「参加メタファ」を超えて、「知識創造メタファ（モデル）」を目指したものだと位置付けられます。

図18　より高い資質・能力目標を意識する

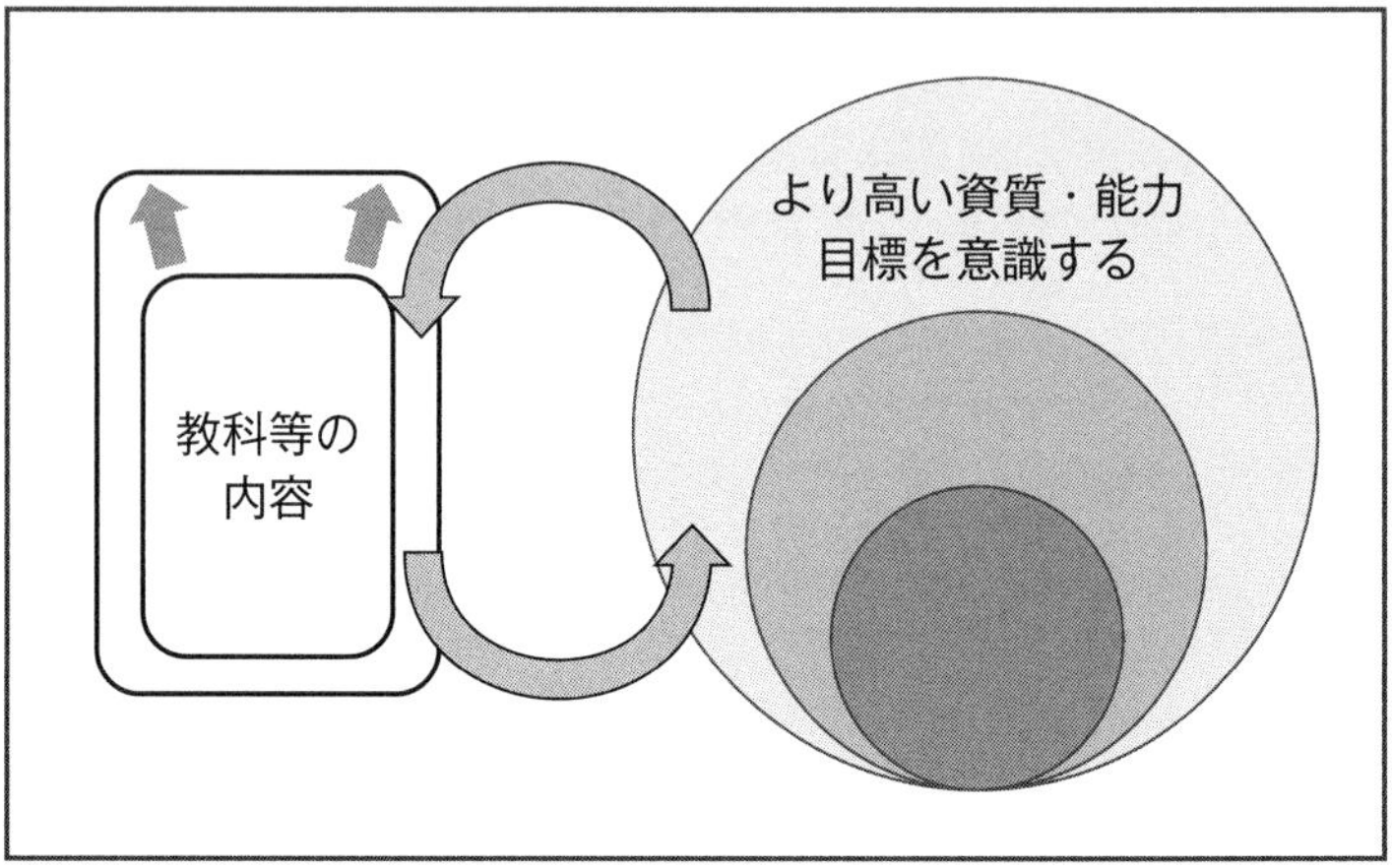

うに、また、使えた場合にしっかりと「使っていること」を自覚させてあげられるように、大人が資質・能力目標を自覚できているかということです。

教科等の内容との関係で考えてみると、①では科学や社会の内容の学習が社会の在り方に関する理解とどうつながるか、②では各教科等で固有な学び方（プラクティス）を子供たちが自分のものにすることで内容に対する捉え方をどう変えるか、③では教科等の内容を明日からの学びにどうつなげていくかを問題にしていました。これらはいずれも、「教科等の内容を習得する」という以上の学習目標を狙っていると言えます。

その学習目標には多様な側面が含まれますが、考える力を使ってエネルギーやグローバル問題について学ぶことで、社会の在り方について考える力を身に付けたり（①）、問いの立て方も含めて科学的な考え方を身に付けたり（②）、考える力を使って分かったことを基に次の問いを問う力を身に付けたり（③）など、考える力を更に高次なものへとバージョンアップしようとする側面があります。

図18はこれを図示したものです。同じ内容を学ぶときにも、その学習からどのような力が養われるのかを、右の三重円[35]で表したように「階層的」に考えることで、より上位な目標を意識するということです。目標を意識する「主体」は、最初は大人や教員であっても、子供が大きくなり教科等の内容に慣れるにつれ、自ら意識する主体になっていくことができるように支援できるとよいでしょう。

(4) 内容と資質・能力を学習活動でつなぐ

先の(3)節の議論は主に「目標（学力論）」に関わるものであり、それをいかに実現するか（学習論）までは検討しませんでした。資質・能力を使って内容を深く学ぶために「学習活動」が不可欠になってきます。講義を聴いて知識・技能を身に付けさせるという場面であれば、「聴く」という活動だけで十分ですが、これまで見たように、学習者を主体としてその考える力等を引き出し、自分たちで答えを作る学習に従事してもらうためには何らかの活動が必要になります。例えば、石井（２０１１年）は次のように述べ、教育目標

35　三重円は階層性を示すための仮です。何重がよいかは次の第5章で検討します。

によって学習活動や学習環境をデザインする必要性が生ずると訴えています。

教育目標として知識に加え思考スキルも含めることは、教科内容そのものの質（「何を教えるか」）のみならず、その習得過程の在り方（「どういう学習課題や学習形態で教えるか」）も問い直すことを教師に要求する。これに対し、知識、思考スキルに加えて、「性向」を視野に入れることは、内容や過程のみならず、それらが埋め込まれている教室の参加構造、文化などの有様（「どのような共同体・文化の下で教えるか」）をも問い直すことを教師に要求する。このとき「性向」概念は、思慮深く学ぶ意味と喜びを実感できる文化において成立する「真正の学習」を導くものとなる。そして、「真正の学習」を通じて、科学的認識、科学的探究能力、科学的精神の三つが一体となって形成されるのである。（石井、2011年、177頁）

確かに、学習活動を含めた教育方法一般を論ずるためには、教育目標や「知識や学習をどう見るか」という知識・学習観も合わせて考えることが重要であり（本書第3章や第4章(2)(3)節）、方法だけを取り出して優劣を論ずることに余り意味はありません。しかし、講義は往々にして後向きな知識の伝達・注入モデルと一体化している場合が多いなど、教育方法を検討することで、方法と目標の関係がよく理解できる場合があります。

講義の位置付けをめぐっては、これまでも多くの議論がなされてきました。例えば、シユワルツら（Schwartz & Bransford, 1998）は、知識・学習観（構成モデルと伝達・注入モデル）[36]と教授法との関係に関する混乱を整理するため、左のような図式（連続帯）を描いています。

児童生徒が学習活動を完全にコントロールする（Total Student Control）

⟷

教師が学習活動を完全にコントロールする（Total Teacher Control）

その上で、知識構成主義者が右の「児童生徒が学習活動を完全にコントロールする」授業形態しか取らないわけではなく、教師主導の講義を用いる場合もあること、逆に知識伝達主義者が右の活動を行う場合もあること、知識構成主義者はこの連続帯で右になればなるほど―つまり、児童生徒が無制約に活動できるほど―効果が上がるとは考えておらず、むしろ制約された発見学習などの方が効果的だと考え、また実証してきたこと（Schwartz & Bransford, 1998, p.476）に注意喚起をしています。

そこで、ここでは①講義の位置付けと「講義を聴くこと以上」の活動がなぜ必要かを考

36　本書第3章8、9節の内容で言えば「獲得メタファ」に一括されるモデルしか考慮されていませんが、現場の実践に重要な示唆を与えると考え、この二分法に沿った検討を進めます。

え、②なぜ児童生徒に学習活動を無制約に任せないのか、適切な制約を加えながら意図的学習を可能にするような学習活動とは何かを順に検討します。最後に、以上の議論を踏まえて、③学習活動の多様性を保障する重要性について検討します。

①なぜ「聴く以上の活動」が必要か

講義（座学やレクチャとも呼ばれます）は、それ自体が資質・能力の育成を阻害するわけではありません。しかし、それが知識の伝達・注入モデルと一緒になることによって資質・能力の教育を困難にする可能性があります。

そもそも講義を聴くだけでは知識は定着しにくいこと[37]や、講義が子供たちに好まれにくい学習形態であるということ[38]はよく知られた事実です。しかし、これは後にも見るように講義の行い方にもよるでしょう。

問題は、「学ぶとは伝達された知識を吸収（absorb）する営みだ」と思っている教授者が講義を行うことで、子供が思うように「学ばなかった（情報を吸収できなかった）」場合、囲み４―９のような対処がなされてしまうことだ、とリンたちは述べています（Linn & Eylon, 2011）。例は科学教育ですが、広く一般に当てはまるものでしょう。

囲み４―９：講義の失敗からの悪循環

知識伝達主義者は、科学者が現在のような知識を得るまでには何百年も掛かったのだから、それを子供たちに短時間で伝えるためには、全ての研究と成果を分かりやすく説明するしかないと考えます。さらに、科学者の研究手法も教える必要があるので、その共通なやり方を抜き出しメインステップを教えようとします。それゆえ、実際の科学者の仕事に含まれる不確実さや予想外の発見、論争的な側面などは扱われません。その結果、講義や教科書、料理本のような科学的活動のセットで科学の内容と方法が「分かりやすく」伝えられることになります。

ところが、子供たちがその内容や方法の習得に失敗すると、「分かりやすく伝えられていたはず」だけに、(a)子供たちの動機付けや努力が十分ではなかった、(b)子供たちが教材を理解できるように、言葉を覚えたり、基礎となる事実を押さえたり、推論のスキルを身に付けたりすることを事前にしていなかった、(c)新しい知識の吸収を妨げる誤概念や素朴概念があったなどの解釈に至ります。そうすると、(a)については、動機付けを

37　高校の物理を修了し工学部に入学した大学生でさえ、「投げ上げたコインに働く力」等の質的な推論ができないこと（Clement, 1982）や、講義で聞いた話を大学生に4か月から1年間の遅延期間を置いて思い出してもらうと、「教員が覚えて欲しかったこと」の約5％しか思い出せないこと（白水・三宅・高橋，２００７年）など、枚挙にいとまがないほどの研究があります。

38　例えば地球温暖化を学んだ北米の公立中学校生にアンケートした結果では、バーチャルな実験やシミュレーションソフトを使って学ぶ方法を好んだ生徒が全体の３分の２いたのに対し、読書や調べ学習で学ぶ方が好きだという生徒は５％、先生の講義や仲間に教えてもらうのが好きだという生徒は３％などと、講義が好まれませんでした（Linn & Eylon, 2011）。

高めるためにびっくりするような食虫植物や噴火の写真、ユーモラスな逸話など、わくわくさせる要素を教科者や講義に取り入れたり、なぞなぞや実験などインタラクティブ（相互作用的）な要素を導入したりする対処がなされます。[39] (b)や(c)については、子供たちの考えをなるべく持ち込ませず、基礎から用語や事実を教え込み、単純なパズルやゲームの形で科学の論理を教えようとします。

その結果、子供の興味関心は一見高まったように見えるのですが、情報量が増えすぎるために、子供はそれらを一層結び付けようとしなくなります。知識伝達主義者が見落としているのは、「子供が自分の経験に従って持つ考えと、新しい情報とを結び付け解釈して初めて定着する知識となる」ということです。そうでないと、新しく習得した知識は剥落《はくらく》し、日常生活で科学的な現象に出会っても使いやすい自分の誤概念・素朴概念のみを適用することになります。その結果、大人になると「科学の話は分かりません」と会話を避ける者になるのです。

まれに講義からよく学ぶ子供がいますが、それは知識の伝達・注入モデルが想定するようなプロセスで学んでいるのではなく、聴いたことの内容を自分で評価・確認したり既存の見方との整合を図ったりしていると思われます。[40] その証拠に、こうした子供ほど教員に質問するなど頻繁なやり取りをしがちなことが知られています。

（Linn & Eylon, 2011、xii頁〜xiii頁、4〜8頁を編集・訳）

教育方法だけで学習成果が決まるわけではなく、子供の学びをどう捉え、いかなる教育のゴールのために方法を選び取っているかが大事だということになります。逆に、知識構成モデルに従って適切に「講義」を活用することもできます（囲み4—10）。

囲み4—10：講義が役立つとき

例えば、「服屋さんがドレスを作るために布をはさみで切った」という文を聞いたとき、普通の子供はこの文が「分かったか」と聞かれれば「はい」と答えるでしょう。しかし、実際の「はさみ」の形状は次頁の図のどれかと聞かれれば、そこまで具体的にイメージ

---

39 子供に「なぜこれを学ぶか分からない」と言われると、「興味を引くものに内容を差し替える」（内容への還元）、「ゲームの要素を取り入れる」（活動への還元）、「身近なものに内容を引き付けさせて考えを出せるようにする」（自己表現への還元）という対策はよく見られるものです（Bereiter, 2002）。これらは確かに子供たちの活動量を増やしますが、果たして子供たちの学びにつながっているのでしょうか？　加えて、これらの活動には、子供が「直接経験できるような具体的で慣れ親しんだものにしか興味や疑問を持てない」という想定や「『なす（doing）』ことによってのみ学ぶ」という想定が滑り込んでいる可能性があります。実際には子供は「おとぎ話」など体験したことのないことにも興味を持ちますし、抽象的なアイデアを扱うこともできます（囲み1—2）。教授者に、そもそもどういうモデルや前提に従って活動を取り入れているのかの自覚が求められており、逆にそれらを自覚できると、教授効果が増す可能性があるのでしょう。

40 ノーベル物理学受賞者のファインマンの回顧録でも、彼が他人から理論の説明を講義されているときに、その理論（定理）に当てはまる具体例をイメージし、条件が増える度に具体例を詳細化していきながら、理論への反例を考える聞き方が紹介されています（ファインマン、1985年／2000年、135～136頁）。これも一種の「積極的な」聞き方だと考えられます。

して「分かって」いた子供は少ないでしょう。それと同じように、教員は専門用語に詳細で豊かなイメージを持って講義をしていても、聞いている児童生徒はそのイメージを共有しておらず、それが講義の「伝わらなさ」を生んでいる可能性があります。

　心理学専攻の大学生を三つのグループに分け、記憶研究を学習対象として、各グループに異なる教授法を実践しました。記憶研究の内容は、囲み4―4に示した「文脈情報で人のスキーマ（枠組み的知識）を適切に活性化できれば文章がよく覚えられる」というものです。グループ1は、スキーマについて書かれた本の1章を読んで要約し、1週間後にスキーマに関する知識を体系化し理解を促す講義を30分間受けました。グループ2は、本の要約の代わりに囲み4―4の実験において実験参加者がどのような文章を再生したかというデータを分析しパターンを見付ける発見学習に従事しました。その後、グループ1と同じ講義を受けました。グループ3は、グループ2と同じ発見学習を2倍の時間で行いましたが、講義は受けませんでした。

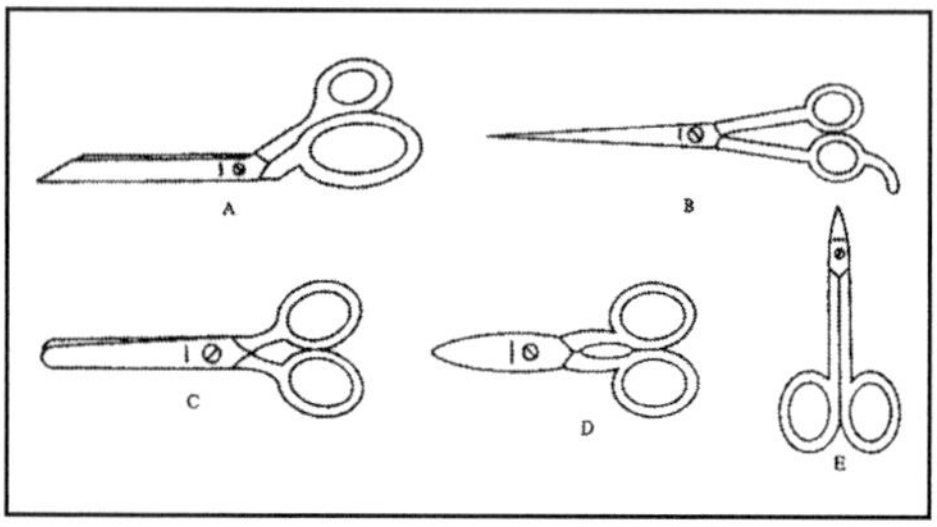

　その上で全てのグループに、新しい記憶実験で人がどう文章を覚えるかを予測させる転移課題を与えました。これは単なる講義内容の再生ではなく、読書や講義、発見学習での理

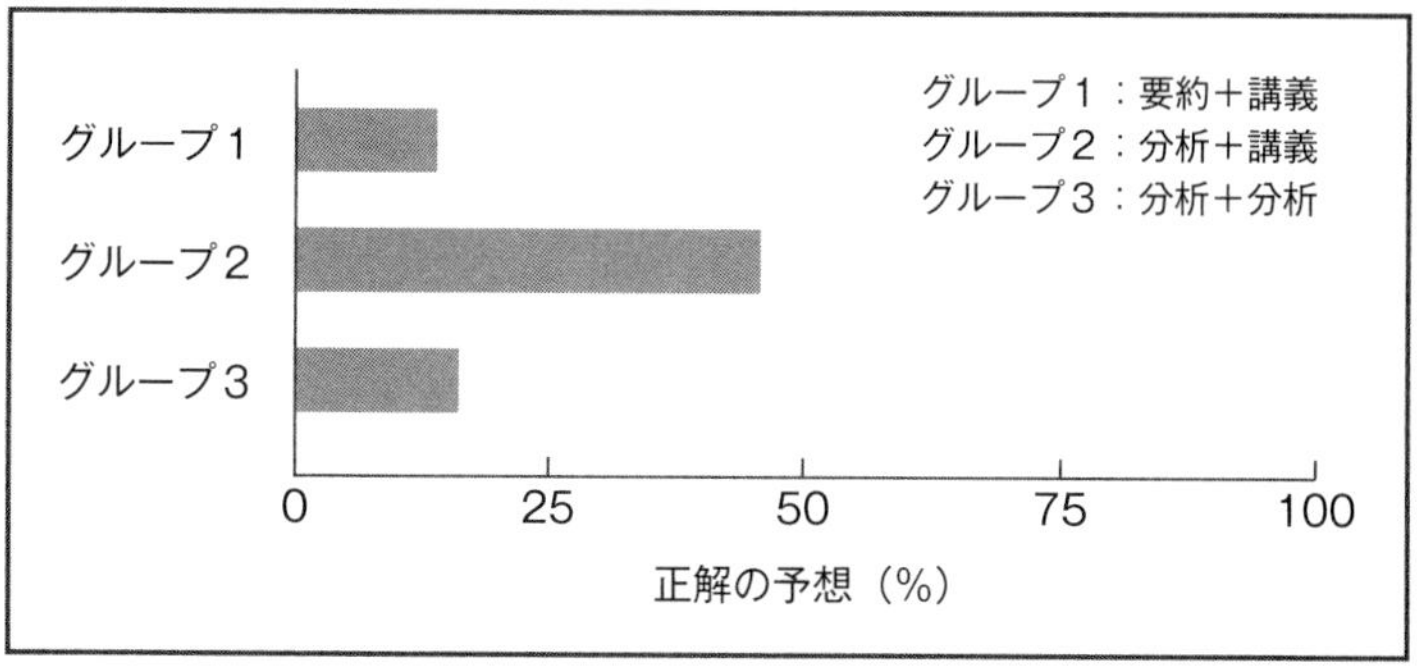

解を別の文脈に転用できるかを問う課題でした。

結果は上の図のとおり、グループ２が他グループを上回る結果となりました。グループ１とグループ２の結果を比べると、講義の前に学習者なりに探索活動を行っておくと、講義で触れる用語や理論に関する気付きが生まれ、講義を聴く準備になったと示唆されます。グループ２とグループ３の結果を比べると、発見学習から得られた気付きを整理するために講義が効果的だったと示唆されます。研究を行ったシュワルツらは、これを「講義すべきとき（Time for Telling）」と呼びました。

この実験のもう一つの示唆は、評価方法にあります。実験では、学習者が獲得した知識の質について、知識を「現象の予測」に使うことができるかで評価しました。それがグループ２の学習活動のよさを示すことにつながりました。もし講義内容の再生だけなら、グループ１の成績がグループ２を上回ったかもしれません。学習者が内容を覚えていることやそれをそのまま同型の問題解決に利用することと、将来新しい問題に適用することとを分けて考える重要性を示したものだと言えます。

（原典：Schwartz & Bransford, 1998、ブランスフォードら、２００２年、５８頁にも紹介がある）

囲み４―１０は、多様な教育方法（学習活動）の二項対立を超えて、その最適な組合せを求めた試みだとも言えますが[41]、常に「発見学習＋講義」の組合せがベストであると一般化するのは早計です[42]。それよりも大事なことは、教育方法（この場合は講義）がそれ単体で優劣が決まるわけではなく、その使い方を工夫すること、特に「学習者が教育方法で与えられる情報（講義内容）についてあらかじめ何を知っていて、それをどのように受け止めるか」といった学習者中心の視点を取ることだと言えます。

② いかに意図的学習につなげるか

講義は教師が学習活動をコントロールする典型ですが、この反対に、児童生徒が学習活動を完全にコントロールする教育についてはどう考えればよいのでしょうか？

こうした教育は一つの理想かもしれませんが、これまでの教育実践に関する知見は、その具体的な実現にいかに工夫が求められるかを繰り返し示してきました。囲み４―６のC先生のような「子供が自らゴールを定め、問いを問う」て学ぶ姿は、「言うはやすく行うは難し」という目標の典型だということです。例えば「失敗を恐れずに正解のない問いに取り組んで、自分で考える力ややり抜く力を身に付ける」ことが学校目標だったとしても、そのプロセスをまるごと子供たちに任せ、最初からオープンエンドの問題ばかりグループで解かせていたら、自然とそれらの力が身に付くものではありません。右記のような姿を一連の授業や単元や学年のつながりで芽生えさせ、教科等の連携によって実現できるように、教育課程全体で支援していく必要があるのです。

児童生徒が自ら問いを作ることの難しさや、課題設定から全面的に自分たちで行う「プロジェクト学習」の難しさについては、主に三種類の知見があります。

一つは、疑問の生成に関する認知研究からです。例えば、囲み4―11のような研究から、「問いを生むためには、何が分からないのかが分かる程度には知識・理解があった方がよい」ということが分かっています。教育方法についても、むしろ最初の問いは教員などの大人が出して、その問いを解決するところから次の問いが生まれるという展開があってもよいことが示唆されます。

41　囲み4―9の内容と見比べると、「講義の用語が分からないのでそれを教えた試み」にも見えます。ただし、用語をグループ3のように「語る」のではなく、それが生まれた根拠となる「データ分析」を追体験させたことが、児童生徒を「知識構成の担い手」にし、それが全体としてグループ2の効果を生んだと考えられます。

42　子供たち自身が答えを作ることが何よりも大事なときがあります。また繰り返しこの教授法を行えば「発見学習をしても最後には先生の講義がある」という認識が生まれることで、子供たちに「答えを待つ」習慣が生まれてしまうかもしれません。実際、シュワルツらもその後の研究では、発見学習を行い続けることの効果を実証しています（Schwartz & Martin, 2004）。

囲み4―11：分かって初めて疑問が生まれる

単純に考えると質問とは足りない知識を補おうとしてなされるものだと言えそうですが、実際には質問ができるためにはそれなりの知識が要ります。これを確かめるために、次のような4種類の条件で実験を行いました。

(a)　何も知らない人（下図では「初心者」）たちが難しい説明書で学習する。

(b)　何も知らない人たちがやさしい説明書で学習する。

(c)　少しは知っている人（図では「訓練した人」）たちが難しい説明書で学習する。

(d)　少しは知っている人たちがやさしい説明書で学習する。

結果は図のとおり、説明書に対する質問は、既有知識と与えられた情報量とがちょうど釣り合うようなグループ(b)、(c)から多く出ました。つまり、質問ができるためには、何を質問しなくてはならないかが分かる程度には、既有知識があった方が良いと言えるでしょう。

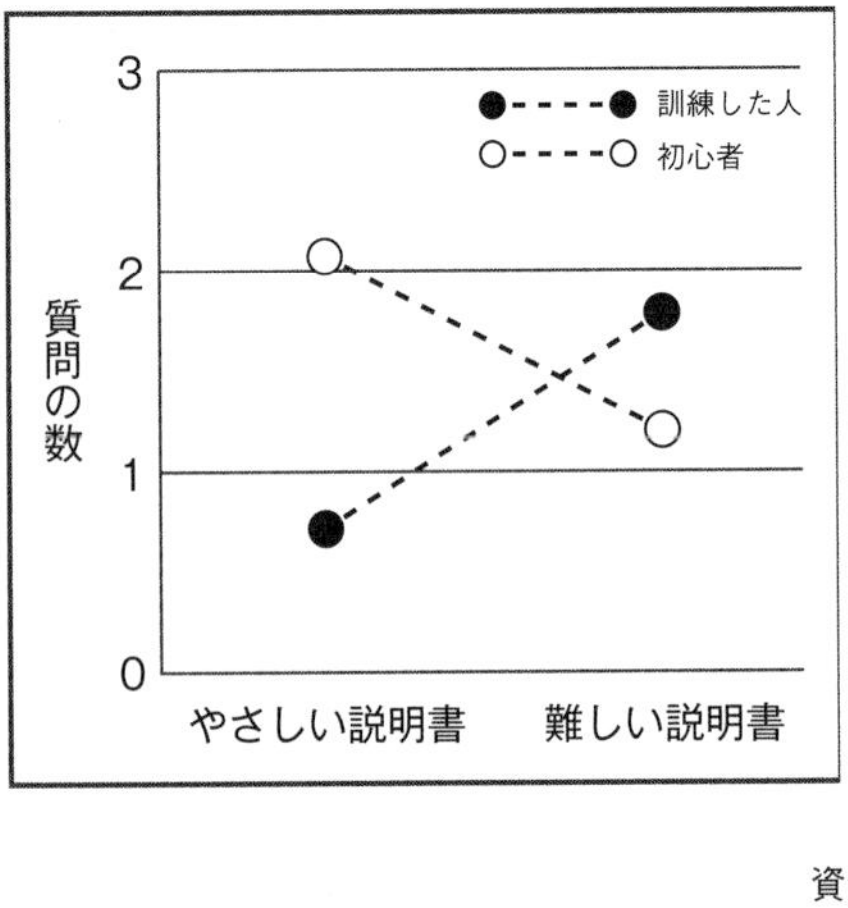

（原典：Miyake & Norman, 1979）

二つは、第3章で触れた状況論研究者が行った「現場の学習」に関する研究からです。そこでは、例えば仕立屋の徒弟は、アイロン掛けやボタン付けなど完成した服に触れるところから学習を始め、熟達して出世するにつれて初めて裁断など大きな仕事を任されます（レイブ・ウェンガー、1991年／1993年）。これは家庭科における服作りでクラスの全員が裁断から始めるのとは、全く逆の順序に当たります。そこには、服の全体像に触れることで、ゴールがイメージしやすく、服がどのようにできあがっているのかについて学びやすい利点や、仕立屋の損失につながるような「大きな失敗」を避けることで、仕立屋全体の職務遂行にも合理的だという利点があります。

そのような観点で、科学者の活動をモデル化してみましょう。すると、科学者のチーム（ラボ：研究室）全体としては次の囲みの過程をたどりますが、ラボに入る初心者は、この最初からやらせてもらえるわけではなく、解決や立案、振り返りから入り、徐々に問題同定、発見を行うようになると考えることができます。そう考えると、左記のような科学的な（あるいは各専門領域の）活動モデルと、それを初学者が学んでいく順序は、そのまま一対一対応すればよいわけではない可能性が出てきます。

> 問題発見─同定─解決計画立案（仮説生成等）─解決（実験、観察等）─振り返り

三つは、教育実践研究からです。例えば、学習科学研究は囲み４—６のC先生が目指すような意図的・主体的・能動的な学習過程が成立する支援の在り方を探ってきました。その中からC先生方の授業をする前に必要な準備活動が見えてきました。例えば、ブランスフォードら（Barron *et al.*, 1998）は「プロジェクト学習（Project-Based Learning）」を行う前に、定まった問題を協調的に解決する「問題解決型学習（Problem-Based Learning）」を経験させる場合とさせない場合とで、プロジェクト学習の最終作品に質の違いが生ずるかを調べています。囲み４—１２を御覧ください。

囲み４—１２：プロジェクト学習を生かす準備（ジャスパー・プロジェクト）

プロジェクト課題は、小学６年生に三、四人グループで学校のお祭りブースに出展するためのビジネスプランを考えさせるものでした。実験群では、このプロジェクトに入る前に「ビッグ・スプラッシュ」という「ジャスパー課題」（囲み４—５で触れた１２教材の一つ）を与えられました。この課題で児童たちは、主人公クリスが学校で出し物をするのに様々な問いを立てて情報を収集するのに奔走しているビデオを見た後で、彼に代わってビデオ中の情報を基にビジネスプランを完成しました。

この後にプロジェクト学習に入ったところ、実験群のプロジェクト活動時間は、ジャスパー課題を経験しなかった（プロジェクト学習を直接行う）統制群に比べて短くなったものの、左図のとおり、最終的な作品の質は統制群より高くなりました。実験群の子

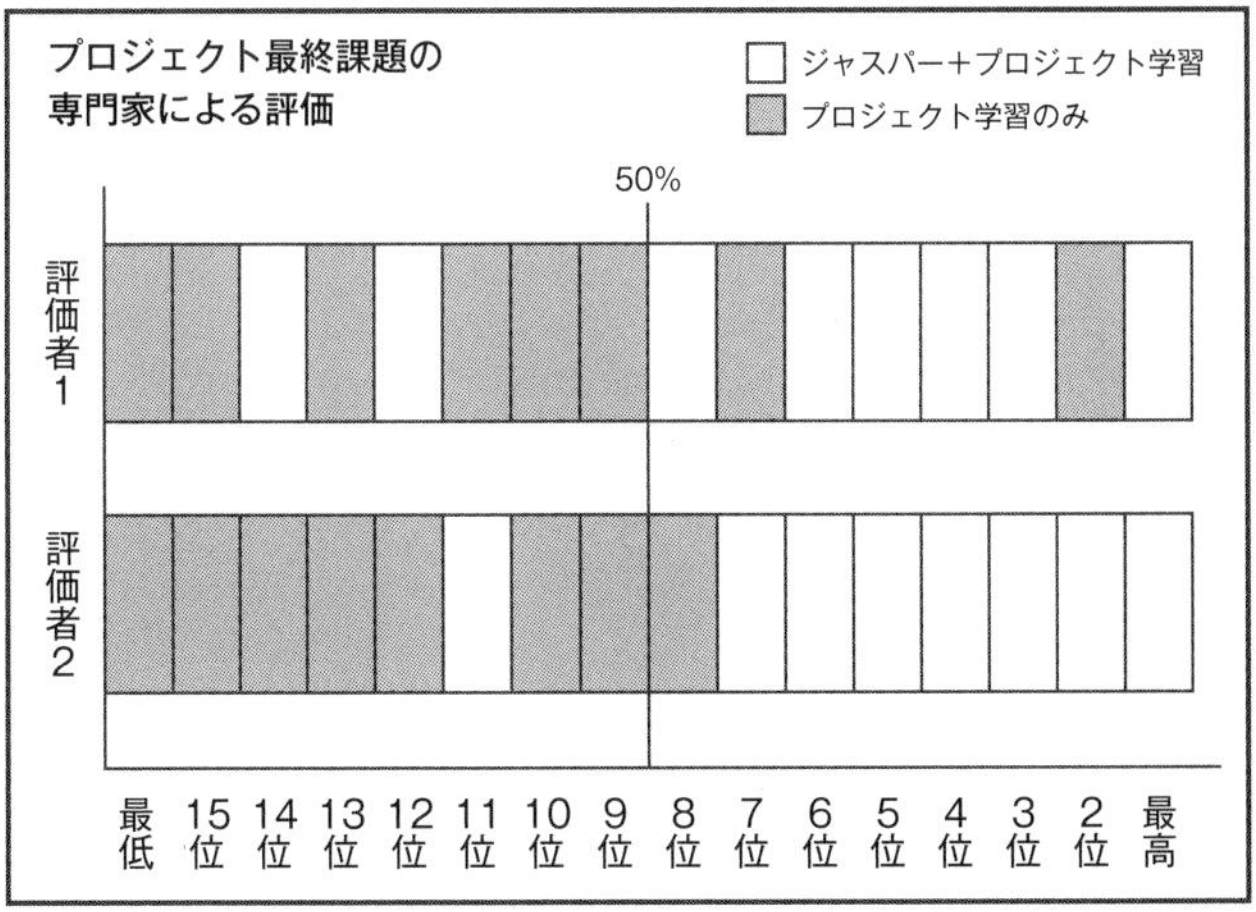

供たちは様々な情報を数学的に扱い、費用や収支、チケットの価格を数学的に設定できただけでなく、自分たちが解けるように課題を変形・同定するスキルも問題解決型学習から転移させていました。

さらに、興味深いことに、実践を担当した現場教員は、プロジェクト学習だけでも子供たちが興奮するために満足していましたが、「プロジェクト学習の前に問題解決型学習」というシークエンス（problem-to-project sequence）を経験して初めて、子供たちに数学的・科学的な問題や情報を現実世界から切り出す豊かな能力があることに気付いて驚きました。

（Barron *et al.*, 1998）

以上をまとめると、学習者を主体とする問題発見学習やプロジェクト学習を行うためには、疑問が生まれるほどの知識・理解が準備されているかや、問題発見・解決過程や探究過程の全体像に触れる経験があったか、問題発見の基礎となる問題を同定するスキルに習熟しているかなど、それ相応の準備が求められることになります。

③　学習活動の多様性を保証することの重要さ

以上①②で見たように、講義とプロジェクト学習という両極端に見える活動が、双方とも**「どのような準備をしてその活動を生かすか」「その活動から得た学習成果を次にどうつなげるか（しかも、それを単に再生ではなく活用等の観点で評価する）」**という意識が大事という点で共通していました。鍵は、どれだけ学習者を中心に据えて活動をデザインできるかということなのでしょう。逆に言うと、学習者をどう見るか（学習者観）や学習のゴールが明確になっていれば、教育方法は多様であってよいことになります。

①②の内容を日本の教育課程の基準に照らして考えると、講義による「習得」に先立って「探究」的な探索活動があってもよいこと、逆に本格的な「探究」活動のプロジェクト学習の前に「活用」型の問題解決型学習を挟むことが効果的であることが示唆されます。つまり、**知識や技能の習得・活用・探究はこの順で進む場合もあれば、進まない場合もあるということでしょう。大事なことは、「習得・活用・探究の順でしか進まない」と主張する理論的背景や実証的根拠はない**ということです。その点で、習得と活用・探究は、「決して一つの方向で進むだけではなく、例えば、知識・技能の活用や探究がその習得を促進

するなど、相互に関連し合って力を伸ばしていくものである」（中教審答申「幼稚園、小学校、中学校、高等学校及び特別支援学校の学習指導要領等の改善について」平成２０年１月１７日）という指摘は、改めて確認する意義があるものです。

「万能薬」としての学習の在り方が存在するわけではないという前提に立ち戻ると、「問題解決から発見へ」という流れを「問題発見から解決へ」という流れと同じように試すことができる「柔軟性」が教育課程の基準には求められます。それゆえ、学習活動は教科等の内容や資質・能力目標に応じて「たった一つの正解」に決まるものではなく、各学校や教室、子供の目標や実態に合わせ、多様な活動を選択し、柔軟に組み合わせることができるようになっていることが望ましいと思われます。

今回は両極端な活動として講義とプロジェクト学習とを取り上げましたが、これら以外―これらの間―にも多様な学習活動が開発・整理されています。「アクティブ・ラーニング」等の詳細な検討は、これら多様な活動を参照しながら、実践例を吟味し、いかに内容と資質・能力を学習活動でつなぐかの理解を豊かにすることにつながります。

④　まとめ

「学習活動」を工夫して、子供が潜在的に持つ資質・能力をうまく引き出し、教科等の内容を深める学びの繰り返しから、資質・能力の質を高めることへとつなげていく過程を図示したのが、次頁の**図１９**です。教科等の内容を学ぶために、どのような資質・能力を

図19　内容と資質・能力を学習活動でつなぐ

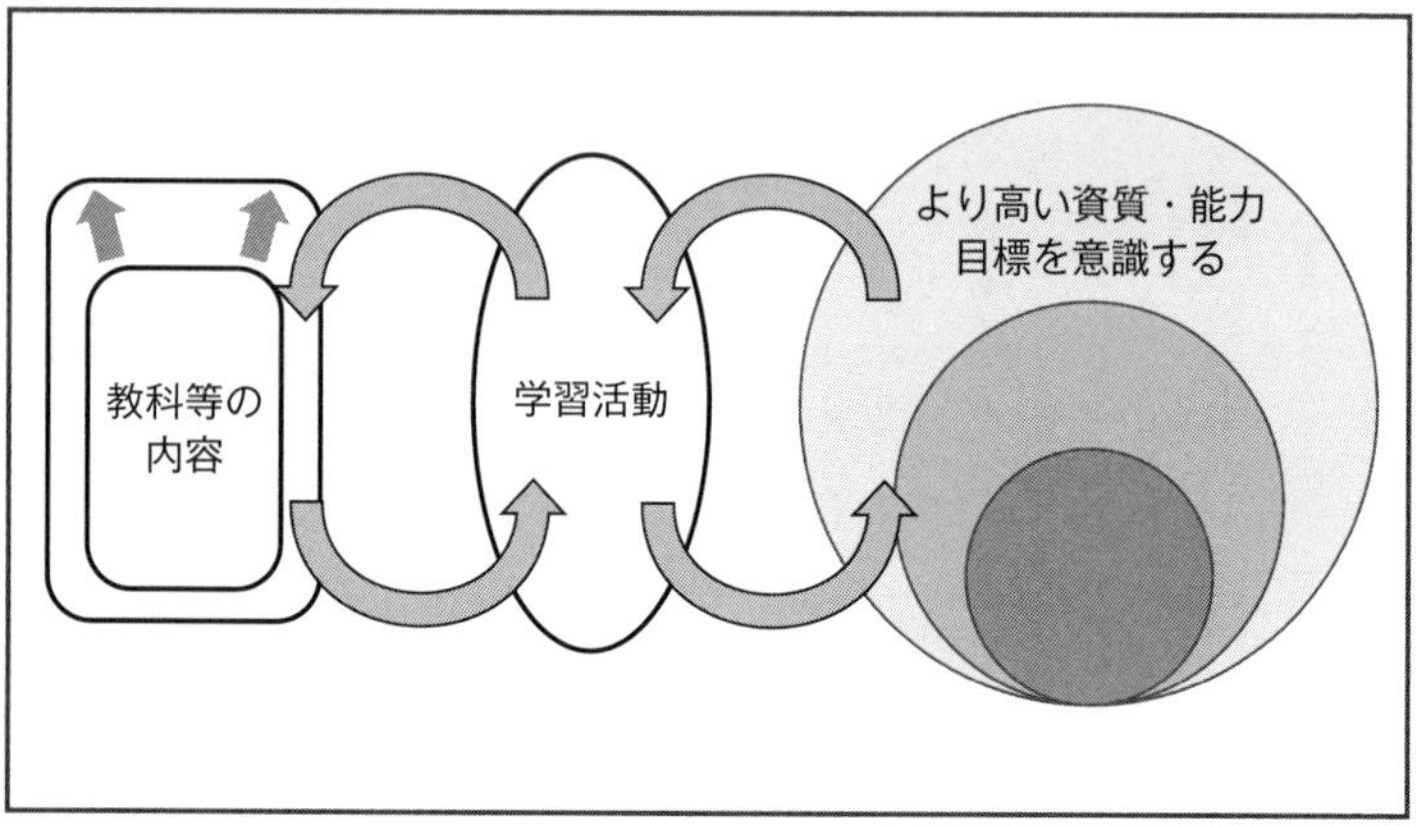

引き出す学習活動をデザインするかが、右から左への矢印で表されています。

(5) 子供自身が学習内容をつなぐ機会を保証する

さて、(4)までのサイクルを教育課程で実現できれば、それで一人一人の子供に資質・能力が身に付いていくのでしょうか？　そのためには、子供が教科等を超えて、更には教室の壁を越えて、学んだこと（以下「教科等の内容」と区別するため「学習内容」若しくは「学習成果」と呼びます）を関連付ける機会を保証することが有効でしょう。「総合的な学習の時間」はその一つの試みです。しかし、それ以外にも、あらゆる学校段階で（教員がそれぞれ別の教科等を担任する場合でも）子供だけは様々な教科等の内容を学び、学校外の経験で学習内容を解釈したり、学校外の状況に学習成果を活用したりを自由にできる機会と権利を持っています。

　我々大人は教科の学びについて考えるとき、学んでいるのは子供であるのに、つい子供のことを忘れて教科のことばかり考えていることがあります。それでは、教科で学ぶ内容が教科を超えるように心掛けても、子供にどのような力が身に付くかを見過ごしがちになります。例えば、理科と算数の先生が相談してみることで、互いの教科で学んだことをうまく結び付け、強め合うことができるかもしれないのに、そのチャンスを失うことになります。教科等の横断は子供にとっての学びを創造するとともに、先生方の学習機会を創造することにもつながります。

　ここまで検討してきたように、教育課程が教科等の本質が学べるものとなり、そこで身に付く力が単なる内容の習得以上を狙い、なおかつその学び方まで充実させるものとなれば、子供自身の「つなぎ」から次の三つのチャンスが生まれてきます。
▽教科等の本質を踏まえたものの見方・考え方を獲得することで、一つの問題でも多視点から見たり考えたりすることができるようになる。
▽教科等の共通性・類似性があれば、一定の資質・能力が複数の教科等の学習経験を通じて育てられることになる。
▽教科等のやり方（プラクティス）に固有性が強くある場合でも、それぞれを「理科や社会のやり方」というように意識し、多様なやり方を身に付けられる。

学校内外での学びのつなぎは、「サービス・ラーニング（社会奉仕学習）」という言葉が既にあるように極めて大きな影響を学習に与えると言われてきました。特に学習成果を学校外の人々に公開したり、課題の依頼を受けたりした実践では、子供が社会的な動機付けや責任感によって授業に夢中になり、時には「休憩時間は遊ぶ」という決まりを教師が作らなければならなくなるほどでした（CTGV, 1998）。

これらの全人的な学習経験を通して、子供たちの生きる力は確かなものとなっていきます。そこで、子供一人一人が「資質・能力を引き出す学習活動によって学んだ教科等の内容」を統合し、学び方も自覚的に結び付けることで、全体として「生きる力」につなげていく構図を表したのが、**図20**です。(4)までは教科等の内容を学ぶために、ということで「右から左へ」の矢印を強調しましたが、そこで学んだ内容が学習活動に使え、更に生きた「知識」として「資質・能力」となっていく―「左から右へ」つながる―ことで、その総体が生きる力の支えになっていくことを示しています。これが、「使って育てて21世紀を生き抜く資質・能力」という本書の元となる報告書副題の意図です。

図20において、学問体系上の知識や技能（存在論的な世界）が左の「教科等の内容」だとすれば、学んでいくうちに、それが右の「生きて働く自分事の知識」（認識論的な世界）に統合されていくと見ることもできます。これは、第3章の資質・能力の定義と相通ずるものともなります。

それは一人一人にとって「ものの見方」（視点）を作っていくことになりますので、た

図20　学びのサイクルが一人一人の生きる力につながる

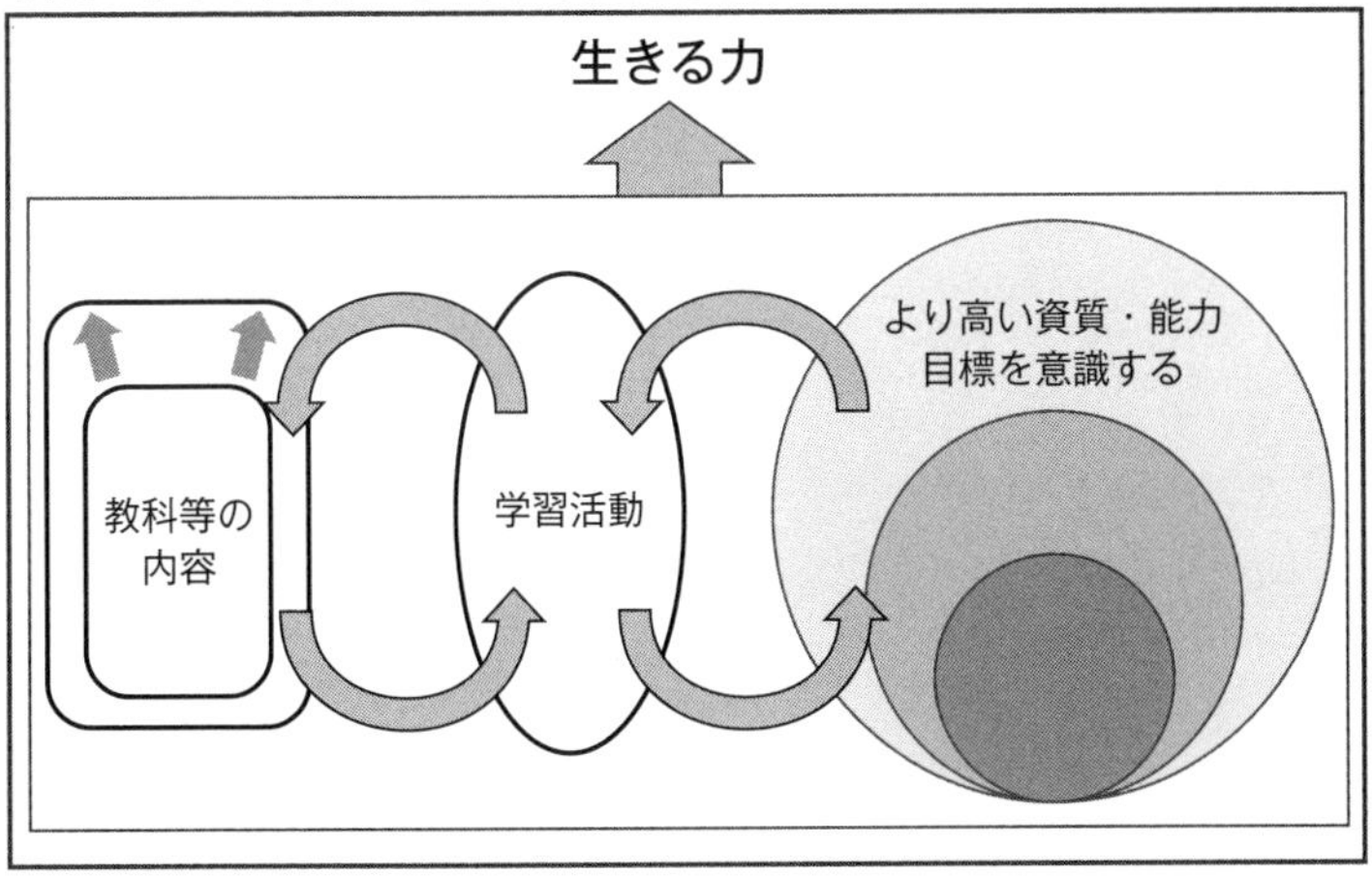

くさんの教科等で培えると、多様な視点でものを見ることができるようになります。この「視点を変えられる」「答えは一つではないのだからいつも考え直すことができる」「自分が間違っているかもしれないと考え直す」力は、生きる力につながる大事な資質・能力の一つだと言えるかもしれません。このような豊かな視点を持った子供たちが教室に集うと、更に多様な考えが共有でき、学びが豊かになっていくことでしょう。

さて、これを教育課程のどこでどのように実現すればよいのでしょうか？

一つは、159頁の図21や図22のように、各教科等による役割の分担を考慮するものです。図21は、総合的な学習の時間や教科等の時間を学習活動とも総合的に組み合わせながら、教育課程全体で知識・技能の関連付けや学習意欲の向上を図る構図を描いたものです。

図22は、左記のように完全な分担というよりも、重複を認めつつも図中の網掛けのように、教科等の種類によって重点を置くことのできる資質・能力目標があると考えるものです。

（図22）では、それぞれの能力・学習活動の階層レベルごとに、主に関連する知識、スキル、情意（資質・能力の要素）の例を示した。

「知っている・できる」レベルの学習であっても、何らかのスキルや情意の形成を伴うし、「使える」レベルの学習も内容の学び深めと密接に関連している。ただし、それぞれのレベルに応じて、主に求められる知識やスキルなどのタイプは異なる。「使える」レベルや「分かる」レベルを目指す場合、活動や討論を取り入れて授業を組織する必要がある。そして、そうした活動的な授業を通して獲得されるのは、事実的知識や個別的技能といった知識の断片ではなく、そうした知識を要素として包摂し構造化する一般的な概念や原理などである。

「知っている・できる」レベルや「分かる」レベルの学力が目指されている場合は、教科の認識内容が目標と評価（子供の思考の表現）の単位となるため、内容（事実・技能・概念）ベースのカリキュラムでも不都合は少ない。これに対し、「使える」レベルの学習では、課題追究の期間が長くなり、問いと答えの間が長くなるため、思考プロセ

図21　各教科等と知識・技能，学習活動の関連（田村，2014を編集）

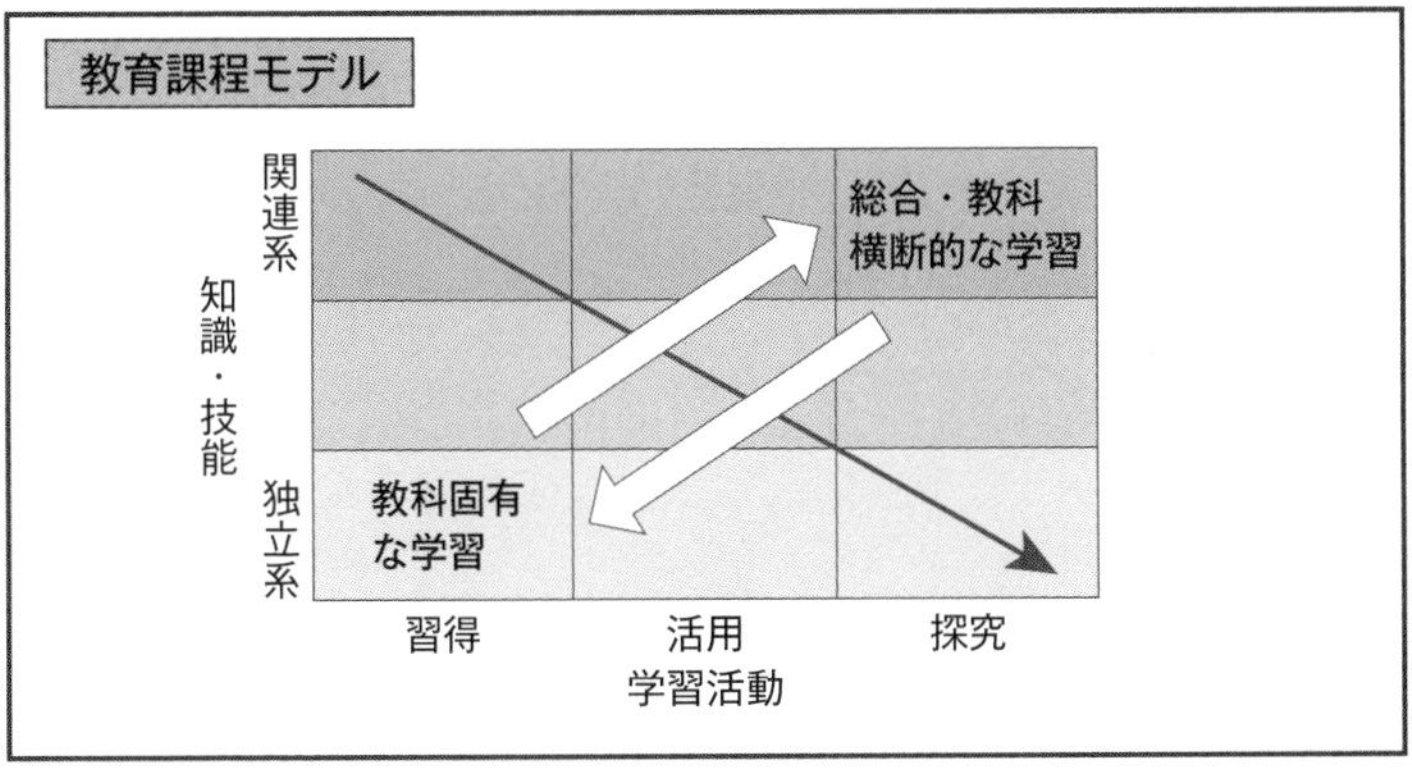

図22　各教科等と資質・能力の要素の関係（石井，2014年，38頁）

			資質・能力の要素（目標の柱）			
		能力・学習活動の階層レベル（カリキュラムの構造）	知識	スキル		情意（関心・意欲・態度・人格特性）
				認知的スキル	社会的スキル	
教科学習	教科等の枠付けの中で学習	知識の獲得と定着（知っている・できる）	事実的認識，個別的技能（機械的作業）	記憶と再生，機械的実行と自動化	学び合い，知識の共同構築	達成による自己効力感
		知識の意味理解と洗練（わかる）	概念的知識，複合的プロセス	解釈，関連付け，構造化，比較・分類，帰納的・演繹的推論		内容の価値に即した内発的動機，教科への関心・意欲
		知識の有意味な使用と創造（使える）	原理と一般化，方法論（思考を伴う実践）を軸とした領域固有の知識の複合体	知的問題解決，意思決定，仮説的推論を含む論証・実験・調査，知やモノの創発（批判的思考や創造的思考が深く関わる）	プロジェクトベースの対話（コミュニケーション）と協働	活動の社会的レリバンスに即した内発的動機，教科観・教科学習観（知的性向・態度）
総合学習	学習の枠付け自体を学習者たちが決定・再構成する学習	自律的な課題設定と探究（メタ認知システム）	思想・見識，世界観と自己像	自律的な課題設定，持続的な探究，情報収集・処理，自己評価		自己の思い・生活意欲（切実性）に根ざした内発的動機，志やキャリア意識の形成
特別学習		社会関係の自治的組織化と再構成（行為システム）	人と人との関わりや所属する共同体・文化についての意識，共同体の運営や自治に関する方法論	生活問題の解決，イベント・企画の立案，社会問題の解決への関与・参画	人間関係と交わり（チームワーク），ルールと分業，リーダーシップとマネジメント，争いの処理・合意形成，学びの場や共同体の自主的組織化と再構成	社会的責任や倫理意識に根ざした社会的動機，道徳的価値観・立場性の確立

※網掛け部分は，それぞれの学習活動のレベルにおいて，カリキュラムに明示され中心的に意識されるべき目標の要素。
※認知的・社会的スキルの中身については，学校ごとに具体化すべきであり，学習指導要領等で示す場合も参考資料とすべきだろう。情意領域については，評定の対象というより，形成的評価やカリキュラム評価の対象とすべきであろう。

ス自体を意識的に育てていく必要性も生じてくる。ゆえに、「使える」レベルの学力・学習を追求する際には、内容のみならず能力（教科固有・教科横断的な知的・社会的能力：方法論）もカリキュラム上に明確化する必要性が生じる。さらに、日々の学校生活や行事を通じての経験は、教師による知識やスキルの指導というよりは、ノンプログラムの全人格的な体験を通じて自己の生き方・在り方に自ら気づくという側面が強くなる。こうして、能力の階層レベルがよりメタで統合的なものになるほど、カリキュラムは内容ベースから能力ベースに、さらには人格特性ベースになっていく。

（石井、２０１４年、３７〜３８頁）

これに加えて、学び方も「個別学習」「協働学習」「プロジェクト学習」を分けて考え、それと教育内容を結び付ける考え方もあり得ます（苫野、２０１４年）。

以上に対して、「一つの授業の中でもこれらを統合的に行える」という立場もあります（齊籐・奈須、２０１４年・佐伯、２００４年など）。この立場では、むしろ、次の囲みのようにたとえ算数の授業であっても「自立した子供」を育てることを目指すなど、一体的な教育が資質・能力の育成をより容易にすると考えます。だからといって、もちろん、総合的な学習の時間や特別活動で自立した子供や学級作りをする必要がなくなるわけではなく、各教科の学習でより高次な教育（教科）目標を意識することで、むしろ総合的な学習の時間や特別活動が一層充実することを目指している―そのための一体化なのだと言えます。

奈須：子供たちは自らの思考を何度もクリティカルに見直すことを通して、以前から彼らが持っていた「はかせ（筆者注：速くて簡単で正確という基準）」に加え、「再現性」と「一般性」という新たな視点からそれぞれの立式の価値の実感的な理解を深めるとともに、分配法則というコンテンツを活用可能な質の知識として習得することを促しました。

齊籐：再現性はどうか、一般性はどうかと、クリティカルな吟味を繰り返す一連のプロセスを通して、多様な考え方を比較検討し、アイデアを見極め、補完して価値付けていくという経験それ自体が、子供たちのこれからの問題解決における汎用的スキルになっていくことが期待されます。…（略）…

そうやって子供が汎用的スキルをどんどん身に付けていくと、教師が何も言わなくても、子供自らが常に立ち止まってクリティカルに自分の思考を見つめ直し、「この考え方は他の場面でも成り立つだろうか」と、発展的・統合的考え方につなげようと挑戦的に問題設定をするようになる。問題を解決しても「ねえねえ。本当にそれで大丈夫なの」といつも言う子供になる。…（略）…そう考えると、コンピテンシー・ベースの授業づくりというのは、自立した子供を育てようとしているとも言えるのではないかと思います。

（齊籐・奈須、２０１４年、１１６～１１７頁・一部字句修正）

以上のとおり、両者の立場は、**学校において何が求められているかと同時に、何が現実的に可能なのかを見据えながら、教育課程全体の構造を資質・能力育成の観点から検討している**と解釈できます。大事なことは、両者の共通項として、知識・技能を「使える」「分かる（Why）」「何のためか分かる（What for）」などの多様な層で考えており、それが高次な認知スキルや社会スキル、学習意欲、態度等と関わるものとして位置付けられている点です。

4　共通基礎か、個性か、学問か？
―変化する教育理念の関係

このような学力論や学習論は、従来の教育学上の目標論とどのような関係にあるのでしょう？　まず本書のここまでの検討結果をまとめると、次のようになります。

専門家も定まった答えを持たない複雑で世界規模の問題が一人一人の市民に影響を与えるグローバル社会では、「どこかにあるはずの答え」を同定して適用する力よりも、一人一人が自分たちの考えや知識、知恵を持ち寄り編集して主体的に答えを作り出す力が求められます。教育の目標（ゴール）も、断片的な知識の暗記と再生から、複数の知識を活用・統合し答えや知識を編み出すことへと変わってきています。それに連動して、教育方法も教師主導の教え込みから、学習者主導の問題発見・解決型のスタイルが重視されるように変わってきています。

しかし、こうした教育の目標と方法は、大正新教育の頃から求められてきたと言っても過言ではありません。当時との違いは、そうした教育目標を求める切迫性や緊急性がいよいよ高まったことと、目標を達成するための教育方法が充実してきたことの二点にあります。

教育目標の変化は、従来相いれないと言われてきた「社会化（共通基礎習得を迫る社会の要求）」と「個性的発達（子供の経験）」と「学問の系統性（学問的訓練）」という三つの教育理念に基づく目標の融合も可能にし始めています。

例えば、社会の構成員である大人が共通に持つ価値観や知識・技能を伝達して子供を「社会化」する教育のゴールは、子供自身の興味関心に基づいた「個性的発達」というゴールと相いれないと考えられてきました。しかし、グローバル社会において、大人の価値観が多様性を重視するものになり、子供一人一人の多様で個性的な発達が許容されやすくなっています。

次に、子供の関心が学びの最大の原動力と見る「個性的発達」の理念は、教科等の内容の系統性で子供の学習内容を決めるべきだとする「学問の系統性」の理念と矛盾すると考えられてきました。ところが、知識基盤社会において、組織や社会全体が知識を創り出すことを重視するようになると、子供自身も教科教育の専門家も既存の知識体系から最良の内容を選ぶことができなくなり、「今ある知識を超えていく」という共通のゴールを目指して努力せざるをえなくなりました。

さらに、職業訓練も含めた実学志向の「社会化」は、アカデミックな訓練を重視する「学問の系統性」と衝突すると考えられてきました。しかしながら、高度に情報化された知識基盤社会では、知識労働者が増え、市民として生きる場合にも知識や情報に基づいて深く考えることの役割が大きくなるため、「実学」と「アカデミックな探究」が限りなく接近しています。

より平易に教育の「模倣（伝達・再生産）」と「創造」の機能で言えば、「社会化」のゴールが模倣だけでなく創造を推奨するものに変わり、「学問の系統性」が既存の古い知識を模倣するだけでなく、模倣からその先の知識を創造することを推奨し、「個性的発達」が知識創造の文化に参加し、先人や周囲の知識創造のやり方を模倣しながら、自分なりの個性的な貢献方法を見付けることを推奨するように変わってきたとまとめられます。

これを表したのが図2 3です。それぞれの間のテンション（緊張関係）が「↓」以降の関係性によって解消されつつあることを表しています。第3章及び本章の議論に照らせば、この中核に知識構築・創造過程が位置します。教育のゴールも「正解に到達できれば終わり」になる後ろ向きな「正解到達型」のゴールではなく、「到達したらその次のゴールを

図23　知識基盤社会における三つの教育理念に関わる関係性の変化

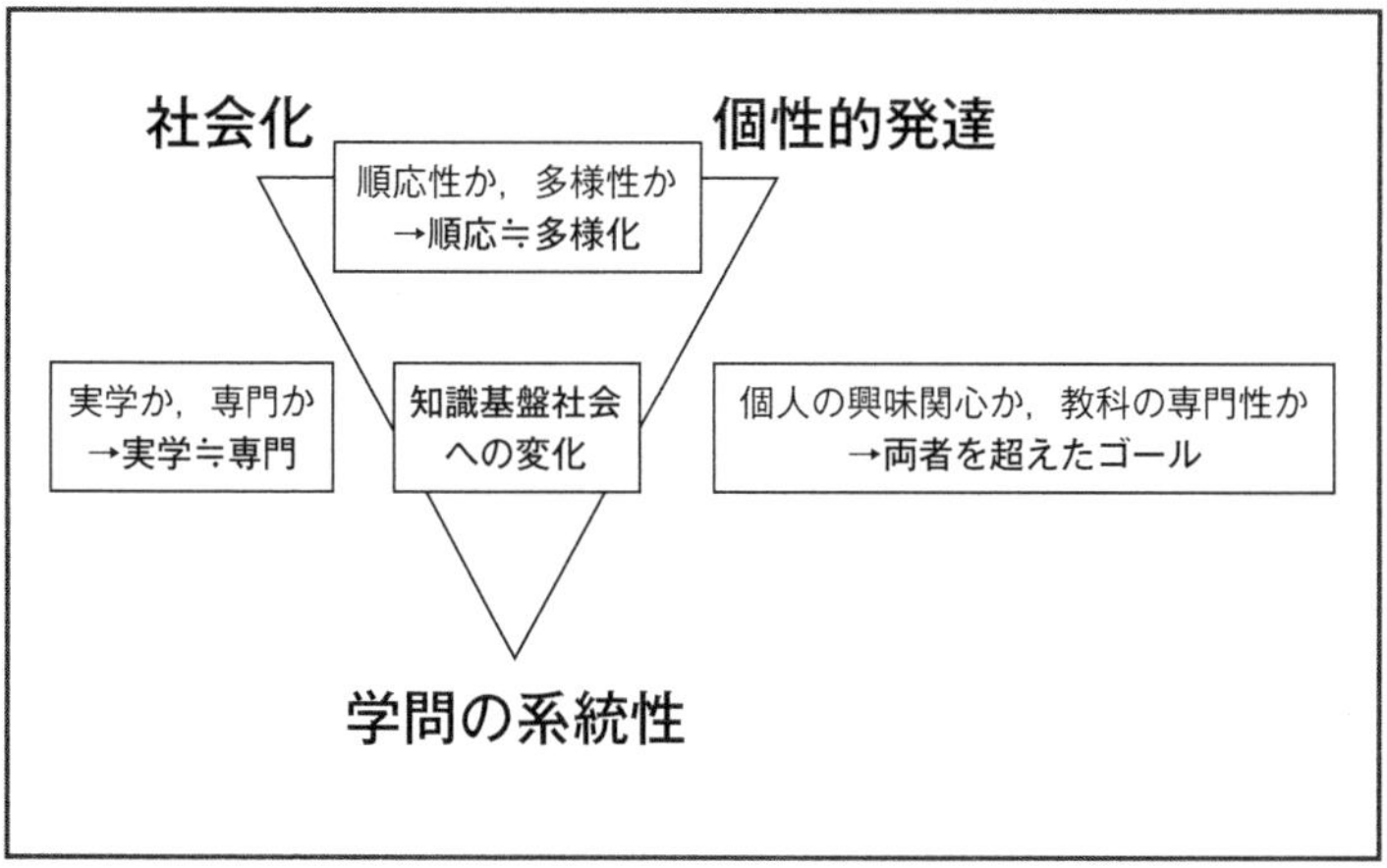

探すことができる」という前向きな「目標創出型」のゴールが目指されるようになってきました。

ここで、教育における文化の模倣や創造と、資質・能力との関係について付言しておきます。知識・技能（コンテンツ）ベースの教育は文化の模倣に、資質・能力（コンピテンシー）ベースの教育は創造に重点を置くものと理解されがちですが、それは果たして本当でしょうか？

確かに領域固有の知識・技能の習得に重点を置くコンテンツ・ベースの教育は、人類が学問・科学・芸術などの文化遺産の形で集積してきた「問題解決」の成果を子供たちに伝えることに価値を置いていた面があります。その共通の基礎を選別して国民に共有しておくことは、社会的なコミュニケーションを支える面もありました（本章3(2)節やハーシュ、1989年）。しかし、それだけではなく、教育である限りは、子供たちがその知識や技能を活用して、社会で出会う多様な問題を解決し、自分や周囲の人にとって望ましい答えを見いだすことも期待していました。つまり、文化遺産の集積がおのずと創造的な問題解決につながることを期待していたと言えるでしょう。それゆえ、知識・技能の教授とそのテストが教育の軸となりました。

ところが、「教えたはずのことが活用できない」という「不活性な知識」の問題が教育実践で明らかにされるにつれ、上記の期待は簡単には実現しにくいことが分かってきました。つまり、単純な教授は、創造はもとより、現実に活用できる知識・技能の学習も保証しないということです。

それでは、資質・能力の育成に重点を置くコンピテンシー・ベースの教育は、知識・技能などの共通基礎を否定して、創造性のみの育成を目指すのでしょうか。確かに最近よく聞く「正解のない問いに主体的に取り組んで、失敗を恐れずに、自分の頭で考える力ややり抜く力を身に付ける」といったスローガンには、知識や技能の入る余地がないようにも見えます。

しかし、本書第3、4章の議論で見たように、創造的な問題解決は、質の高い豊富な領域固有の知識に支えられて初めて可能になります（そもそも、古い知識を知らなければ何が新しいかも分かりません）。

それゆえ、コンテンツ・ベースの教育にせよ、コンピテンシー・ベースの教育にせよ、共通基礎を基盤としながらも、それをどのように子供たちの未知の問題解決につなげていくかに腐心していると考えられます。

課題は、「共通基礎」を教えるとして、何を共通基礎と見なすのかということでしょう。例えば、数学の公式があるとして、その手順のみを教えるのか、なぜそのような公式になっているのかという理由や、その公式にどのような価値があるのかまで教えるのかといった問題です。これは既に本章3(2)節でも論じましたが、6節で再度取り上げます。

なお、ここまで文化の「創造」という言葉を使ってきましたが、創造を「専門家が見付けていないようなことを子供が発見すること」と捉えると、それは相当困難な過程になります[43]。したがって、創造性には社会を変えるような「大きな創造性（Big Creativity）」と、自分自身や周囲を変える程度の「小さな創造性（small creativity）」がある（Gruber & Wallace, 1999）と整理した方が、現実的な教育が可能になるでしょう。後者の「小さな創造性」は、日常生活の中で本人が小さな発見を行い、新しいものの見方を得て物事のやり方や問題解決の仕方を変えることも含みます。

創造される対象には、内容だけでなく価値も含まれます。例えば、子供が文化に既にあ

43　まれな例として、奈須（２０１４年）が挙げる、高知市の小学４年生が総合的な学習の時間に地域に純正日本メダカが生息していることを発見した例や、波多野・三宅（１９９６年）が紹介する、仮説実験授業で学んだ児童が磁石に付く新しい物質を見付けた例があります。これらが特筆されるということは、学校教育の文脈における発見・発明等の創造がそれだけ起きにくいということでしょう。

る内容について「分かった！」と言ったときに、その内容とともにそれがなぜ文化的に継承されてきたのかという文化的な価値を受け入れ、なおかつ、自分なりの分かり方をした点で、自分なりの価値の付与（創造）も行ったと考えることができます。

知識と文化の関係は、資質・能力教育を考える際、再考すべき課題の一つです。一点だけ確認しておくと、本書で「学んだことが役に立つ」と表現する際、それは実生活上の実用的な目的に役立つということだけを指しているわけではありません。次の囲いにもあるとおり、学んだことが文化的に更に奥深い問題へとつながっていくことにも学習の意義があると考えます。

私たちには、「何かに役に立つこと」だけが価値を持つわけではないこと、ものごとには、それ自体が探究に値する「興味深いこと」があり、それは次々と新しい、より大きな問題に近付いていく、ということが分かっている。それが世の中の価値を生み出し、文化を作り上げてきたし、そういう人間全体の集合的な営みに参加していくことのすばらしさが分からなければ、目先の目的に役立たないことは「分かろうという気も起きない」だろう。何のためでもなく、誰のためでもない、ただそのことが知りたい、分かりたいということがあるということを、どこかで誰かから「学んで」いなければ、その人の学びは貧弱な段階でストップしてしまうであろう。それは、一つのことを学ぶことが、私たちの文化の全体に何らかの意味でつながりを持っていく、広がりを持っていく、と

いう文化的実践への参加意識を持つ、ということである。

（佐伯、2004年、80頁）

まとめると、資質・能力教育は、文化的な価値を持つ学問的内容を、人類がその内容を生み出してきた知識構築・創造的な過程をたどりながら学ぶことを通じて、共通の基礎と各学習者なりの個性的な学び方とを同時に獲得していくことを狙うものだと言えます。

5　多様性がなぜ必要か？
――建設的な相互作用

教育理念の関係では「自立・協働・創造」をめぐる問題もあります。これは、第2期教育振興基本計画や平成26年11月の中教審諮問「初等中等教育における教育課程の基準等の在り方について」で、社会のあるべき姿として言及され、子供が身に付けるべき力としても提示されたものです。

これまでの教育では、個性の重視が社会化や学問的な基礎の習得と対立するように受け止められがちでした。それが個性重視と社会性重視、あるいは創造的な課題発見・解決重視と基礎学力重視との間の「揺れ動き」を生んできました。これらを両立するような「自立・協働・創造」の教育の在り方―学習者一人一人の学習や成長を保証しながら、同時に社会全体も成長することを保証するような在り方―が求められていると考えられます。

そのために、本節では協調的な過程に関する研究や実践から分かってきた知見を検討します。そうした研究や実践から見えてきたことを平易に述べれば、「多様性があればそれでよい（みんな違ってみんないい）」ということではなく、「多様性が一人一人の考えを深めることにつながるとき、その良さが生きる（みんな違って、みんなが考えざるを得ないから、みんないい）」ということです。

それでは、そもそも子供たちは互いの考えの違いにどう気付き、自分の考えを深めていくのでしょう？　国際理解教育の初期の頃からあった世界地図プロジェクトを例に見てみましょう（囲み4―13）。

囲み4―13：世界地図プロジェクト

共通する問題への多視点からの解決方法を比較検討してよりよい解決方法を考えるのは協調的な学習の基本形である。例えば日本の教室で世界地図を見ていると、太平洋が真中に来る地図しか見る機会がないが、アントワープの教室と、シカゴの教室と、エルサレムの教室で使われている世界地図はどれも日本の世界地図と違うだけでなくそれぞれの間でも違っていて、しかし全てに「自分の住んでいる辺りが真ん中辺」という共通点がある。世界地図は世界規模で比較してみて初めて、その作成の背景に「世の中の人はどこにいても世界を把握しようとするとき自分を中心に据える」という共通の問題解決の仕方があることが見えてくる。これは、小学生に文化相対主義的なものの見方や考え方を「自分で感じ取り、言葉にして自分なりの理解を作り、その後もずっと長いこと記憶に残して育てていって」もらうのになかなか捨て難い教材になった。

（三宅・益川、２０１４年）

この例を図式化したのが１７３頁の**図２４**です。子供が日本地図を見ているだけのときは、自分がよって立つ「①自分の視点」すらも気付きにくいです。しかし、外国の仲間の地図を見ることで、例えば、オーストラリアの地図は上下が逆さまになっているなど、「②違う視点」に気付くことになります。そこから更に違いを超えて、「どの国も真ん中辺にあると気付くことができれば、「どの国も自分を中心に考える」という「③より一般的な視点」を得ることになります（図中の各立場を表す円を包む大きな円）。広い視点を得れば、自分の地図の見方も変わり、慣れ親しんでいた日本の地図が「自分たちを中心にした地図」として見えてくるでしょう。そのとき、**図２４**の下の④のように、「自分の前の視点」を見直し、それが変わったことに気付くことができれば、⑤のように、「更に別の視点」があり得るという「メタ認知」を養うことが期待できます。

この実践例に見るように、子供だけでなく人一般が深い理解に至るような対話の場には、次のような共通する条件があります（本章２節参照）。

▽参加者の間で答えを出したい問いや対話のゴールが共有されている。

▽互いの考えや、考えの間の違いが見えやすい。
▽考え方の違いが尊重され、各自が違う考えを何度でも見比べ、自分なりにまとめ、納得できる答えを見付ける機会が保証されている。

世界地図プロジェクトでは、「地図はどのように作られているのか」という共通の課題に取り組み、地図の違いへの素直な気付きが表明でき、しかも違いに気付いて終わりにしないで、繰り返し考えることができたことで、「どの地図も自分を真ん中に据えている」という納得が生まれてきました。その納得は日本だけでなく世界の多くの地図に当てはまる点で、より適用範囲の広いものだと言えます。このように、協調的な場面の強みは、参加者の考え方が相互作用を通してより一般的・抽象的なものへと変わるところにあります（これを建設的相互作用と言います）。

そこで、上記のような条件を備えた対話の場をデザインして、実際に人がどのように理解を深め学んでいくものかを多くの研究者が調べました（Forman & McPhail, 1993; Hatano & Inagaki, 1994; Miyake, 1986, Okada & Simon, 1997、齊籐、２０１４年、Shirouzu, Miyake & Masukawa, 2002）。その結果を概括すると、次のようなメカニズムで「一人一人の考えが、建設的な方向—数多くの問題が解決できるような抽象度や一般性の高いもの—に変わっていくこと」が見えてきています。

▽人は、自分の考えが他人から同意を得られなかったり、他人の考えと違っていたりすると、

図24　建設的な相互作用の基本形

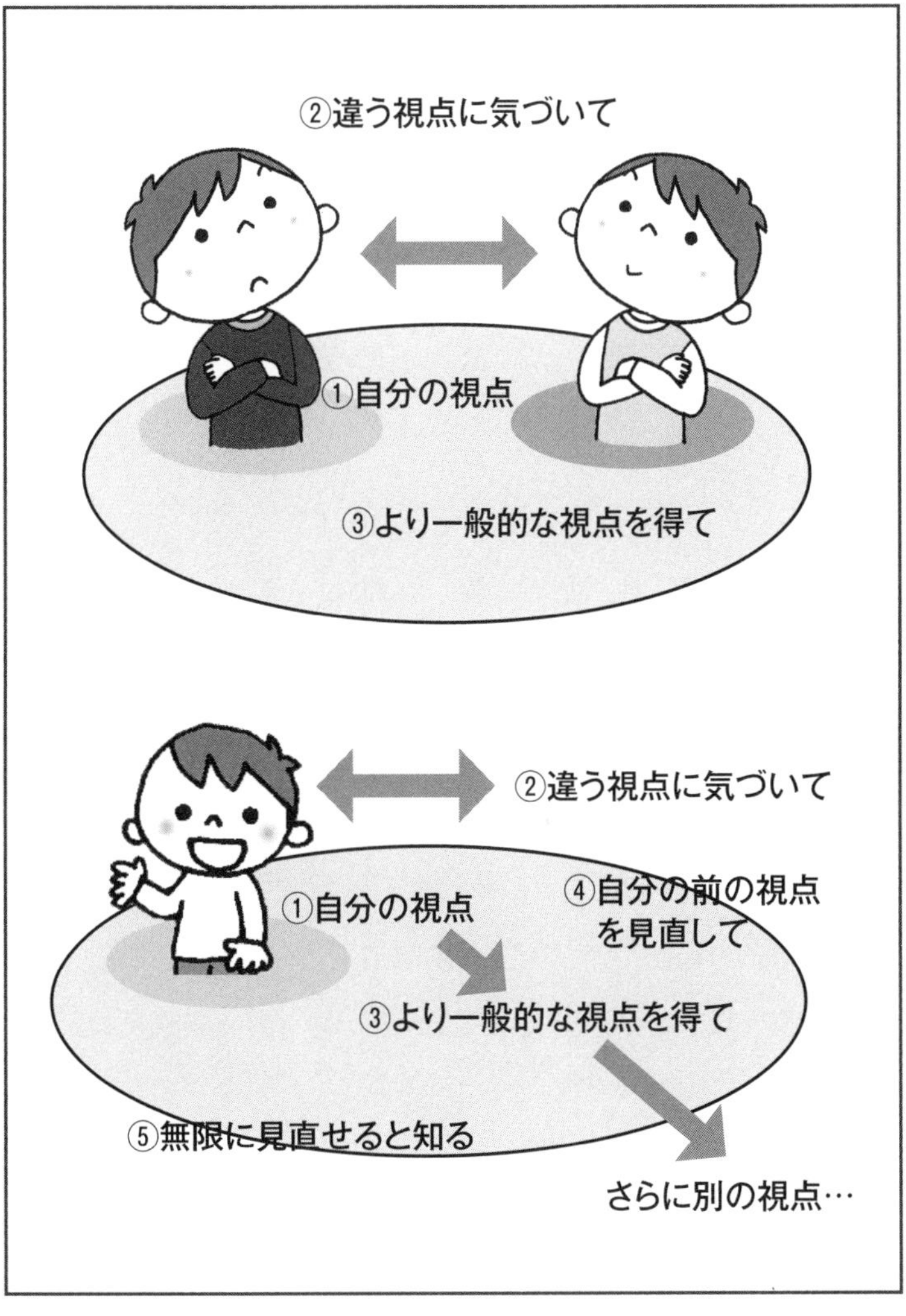

他人に分かってもらおうとして視野を広げ、理解を深める（他者が必要なのは、自分の知識を総動員して考えを作った場合、その考えの妥当性を検証するリソースが足りなくなりやすいからである）。

▽協調場面では、考えを話したり問題を解いたりする「課題遂行者」と、考えを聞いたり解決を見守ったりする「モニター」との間での役割分担が自然に発生する。課題遂行者の視点は、問題を解くために狭くなりがちだが、モニターはその内的な過程を完全には共有できないからこそ、少し大局的な視点で見守ることができ、それが二人の視点の抽象度を上げ、視野を広くする。この役割を更に交代することで、考えや答えがより適用範囲の広いものに変わっていく。

これを「三人寄れば文殊の知恵」ということわざに照らせば、三人の多様な考え方が合わさって知恵が生まれるというよりも、三人の違いが一人一人の考えの再考・再吟味を迫ることで知恵が生まれてくるのだと言えます。その中で、まさに「岡目八目（おかめはちもく）」と呼ばれるような「課題遂行（当事者）から少し脇に身を置いてモニタリングすること」の効果が働きます。そう考えると、協調的な場面で、リーダーとフォロワーという役割分担が生まれることの重要性、また、積極的に話したり問題を解いたりするだけでなく、それを聞いたり眺めたりしながら考えること（一人の人の中でもリーダーとフォロワーの役割を両方経験すること）の重要性も見えてきます[44]。

このような学びの在り方は、現在はまだ、一部の実践や実験で実証されているにすぎませんが、社会全体で検証していけると、自立・協働・創造のより実践的な在り方が生まれていくでしょう。具体的には次のような点を確かめる必要があります。

▽「みんな（の考え）が違っている」のは、協調の出発点であり、「みんな違ってみんないい」と個性を賞賛することが協調の目的ではない（その点で、グローバル社会において異なる人種や文化の者同士で違いを確認することだけが協調活動の目的ではない）。

▽「みんなの考えが違っている」からこそ、話合いの時間は掛かるが、有益なものになる。その話合い（対話）を通して、集団としては一つの成果（アウトプット）を出しつつ、各個人の考えが深くなる（「みんなで心を一つにする」ことが協調の目的ではない）。

▽対話経験やチームでの問題解決経験の繰り返しから、個性や考えの違いを社会のために生かす習慣が身に付く。「各自が自立していないと話合いが建設的になりにくい」という共通認識が醸成されることで、各自の自立（「自分の考えは自分でしか深められない」「考えるのは

44　既に若者の中には、フォロワーシップを身に付けた新しいタイプのリーダー像が生まれつつあるようです。例えば、Cassell *et al.*（2006）は「オンラインの若いリーダーたちは、多くの意見を自分で出したり、タスクを自分でやり通したり、力強い言葉を使ったりというような、これまでの大人のリーダーシップスタイルを追従しません。それどころか、代表に選ばれた若者の…語りかけのスタイルは、自分自身よりもグループについて言及し、自分自身の意見を単に通すのではなく他者の投稿を統合しようとするなど、グループの目標と必要なことを中心に据えようとする傾向があります。…これらの結果は、若い人々が市民としての関与ができるコミュニティマインドを持った人々になりうること、こうした概念自身が次世代と接触することで変わっていく可能性を示しているといえます」と述べています。

自分なのだ」という自覚など）と協働が共に進む。
▽教師等の大人が一人一人の多様性を尊重してこそ、子供も他人を尊重する。その上で「対話しながら考えを深める経験」を媒介にして、一人一人の子供が深く学びながら、教室の中に学び合う集団ができていく。
▽「自ら考え、考えを表現し、他人と話し合って、自分も社会も良い方向に導く判断をできる学習経験」を繰り返す中で、創造的な課題発見・解決能力を身に付け、同時に教科等の内容の理解も深め、ものの見方や考え方を獲得していく。これが、平和で民主的な国家及び社会を形成する資質の獲得にもつながる。

6　21世紀に目指したい教育とは？

ここでは、資質・能力を重視する教育において実現したいこととは何かを整理し、その上で21世紀に求められる資質・能力を検討する準備を整えます。言わば、本節は本章の5節までの内容をまとめ直し、次の第5章の内容へと橋渡しする役割を担います。

ここまでの要点として、21世紀に目指したい授業には、教師中心の授業から、学習者中心の授業、つまり「教科書の内容を学ぶ」というゴールを超えて子供たち一人一人が学びたいことを見付ける前向きの授業、社会に出てからの学び方を身に付けられる実践型授業へという転換が求められます。それはどのような目標と学び方で可能になるのでしょうか？

(1) 重視したい「質の高い知識」と学び方

① 重視したい知識の質

まず何よりも重視すべきことは、**知識の質を高める学びに子供たちが従事できること**です。「質の高い知識」とは、単に「知っている」だけでなく、「分かって」「使える」知識を意味します。学んだことを教室の外にも「持ち運べて」「活用でき」「（一生続く生活の中で）書き換えられる」知識だとも言えます。

例えば、地理の学習で、都道府県名や国名、都市名を単に地図を眺めながら暗記した場合は、境界線を取り除かれると、その場所を同定することは難しくなります。しかし、「何が都道府県や国の境界線（例えば山や川など）になるか」「大都市はどこにできるか（例えば貿易との関係など）」などまで理解すると、地図上の情報を深く読み取り、場所を同定することができます。質の高い知識とは、深い理解を伴った知識だとも言えます。

物（物理）や生き物（生物）、数（数学）などの分野では、子供は自分の経験から培った素朴概念を持っていることが多く、しばしば科学的な理論や概念と矛盾します[45]。例えば、経験上、地球は平らに見えますが、学校では地球は丸いと教わります。この両者は矛盾しますが、その矛盾を解消しないまま、テストのためだけに理論や概念を覚え込むと、教室

図25　理解の社会的構成モデル１（三宅・三宅，2014，15頁）

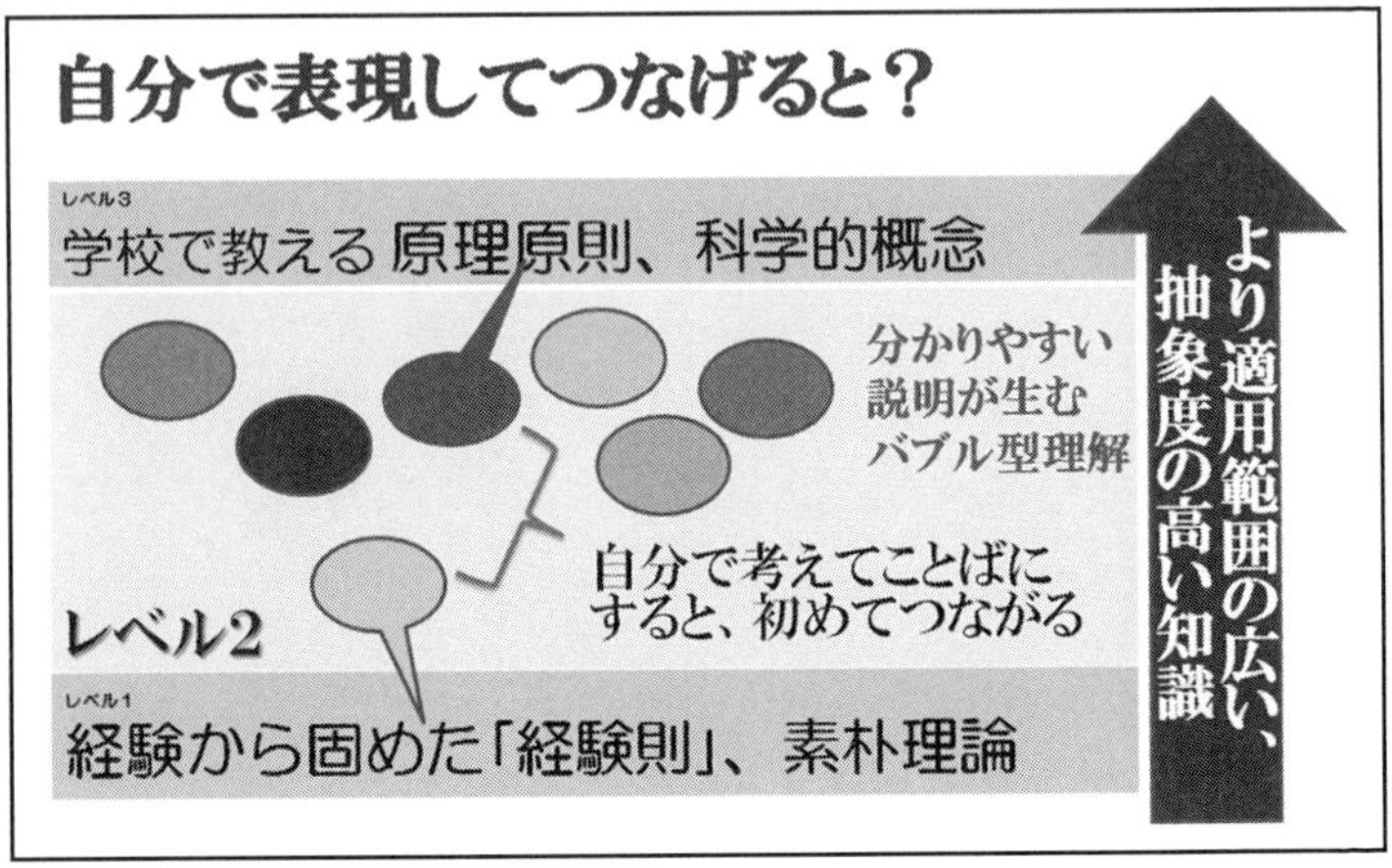

の外で使える知識にはなりにくいです。本章3⑷節の囲み4—10で見たように、先生が「分かりやすい説明」をしたとしても、子供の多様な分かり方と完全に一致することは少ないでしょうから、目前の問題を解くために一時的に使えることができたとしても、次の授業や単元、学年に使えるかどうかは分かりません。

ですから、「丸いはずの地球がなぜ平らに見えるのか」など、理論と経験を自分なりに結び付ける学習が重要になります。図25のレベル3に相当する先生の言っていることや教科書に書かれていることと、レベル1に相当する自分の経験則がどうつながるのかを検討するような学習ができると、自分で考え、理解したことを言葉でまとめる（抽象化する）機会が増えます。また、レベル3の原理原則がレベル1の多様な経験則（具体例）に支えられることにもなります。そのつなぎ方は自分なりの分かり方ですから、日常生活の事象に適用しより多様な情報と結び付けているうちに、少しずつ形を変え、素朴な経験則から専門家が用いる原理原則に近いものになっていきます。

② 「質の高い知識」を得る学び方

質の高い知識を身に付けるためには、「しっかり学ぶ」こと―学ぶ内容を断片的に覚え込むのではなく、つなげてまとめて自分なりに納得する学び―が必要です。したがって、**学んでほしいことには、「答え」や「答えの出し方」だけではなく、その根拠や理由が含まれます。**その学びには、**「考える力（いわゆる『思考力』）」が必要**になります。さらに、本章３(2)節に示した、**学習成果をつなげていけば見えてくるはずの「根本概念（ビッグアイデアBig Idea）」[46]が、重要な学習対象**となります。これはエッセンシャル（Essential）**と呼ばれる「基本」**です。

思考力を働かせて教科等の基本をつかむために、協調的で対話的な学習が有効だと言わ

45　素朴概念は、社会の分野で「物がたくさん売れれば（同じだけ利益が上げられるので）値段は安くなる」（Voss *et al.*, 1989）、「銀行は預金を安全に保管する場所で貸付けのお金は政府から別に与えられる」（Takahashi & Hatano, 1996）などの「人道的な誤解」にも見られます。

46　ビッグアイデアとは、「バラバラな事実やスキルに意味を与え、関連付けるような概念やテーマ、論点」（ウィギンズ・マクタイ、２０１２年、６頁）など、児童生徒が学習したことの細かい部分をほとんど忘れた後でも、長く覚えておくべき広く重要な本質の理解です。

図26　理解の社会的構成モデル２（三宅，2013年）

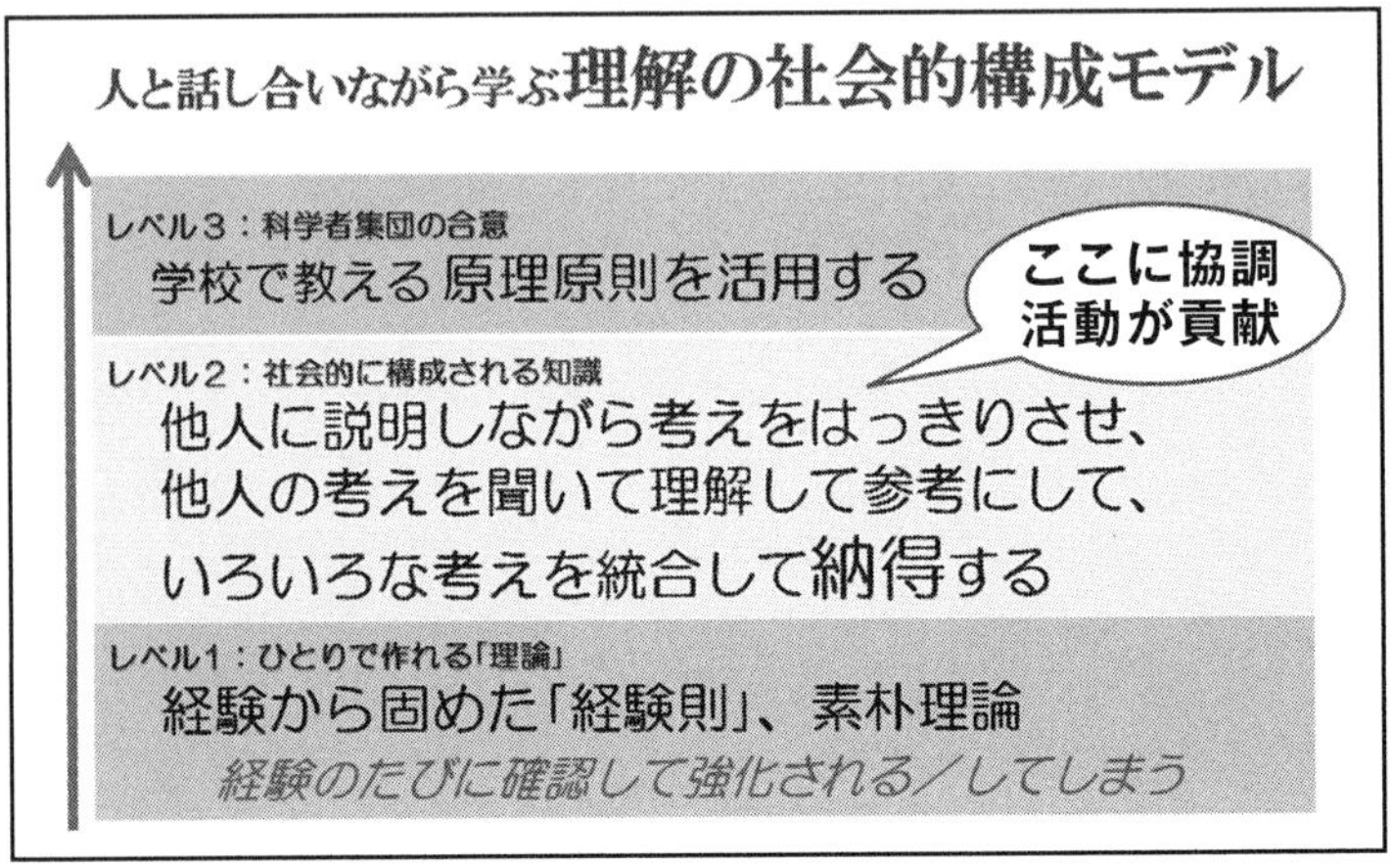
人と話し合いながら学ぶ理解の社会的構成モデル
レベル３：科学者集団の合意
学校で教える原理原則を活用する
ここに協調
活動が貢献
レベル２：社会的に構成される知識
他人に説明しながら考えをはっきりさせ、
他人の考えを聞いて理解して参考にして、
いろいろな考えを統合して納得する
レベル１：ひとりで作れる「理論」
経験から固めた「経験則」、素朴理論
経験のたびに確認して強化される／してしまう

れています。図２５で説明すると、科学者は、レベル１で見付けたような素朴理論を基に、長い時間をかけて考えを交換し、実験し、証拠を基に新たな仮説をつくり、更なる証拠を統合・理論化するなどして、レベル３の科学的知識を社会的に構成してきました。この科学者がレベル１とレベル３をつないだ「社会的構成」法を学び方の一つとして抽出し、学校の教室で再現しようとしたのが、いわゆる「アクティブ・ラーニング」や、その一つである「協調学習[47]」です（図２６）。

協調的な学習場面では、本章５節に詳述したように、子供たち自身が経験則と原理原則をつなぐために、共通に解きたい問いに対して、まずは自分たちの考えを外化します。すると、各々の経験の違いに応じて「一人一人の考えが多様である」ことが見えてきます[48]。その考えの違いを確かめ、違う考えもまとめて納得できるような答えを求めて、一人一人が考えを表現し、互いの表現を聞き合いながら、答えを作り直していきます。それが図26のレベル2で起きる経験則と原理原則の結び付けになります。

日本国内の実践だけではなく、世界中の数多くの実践や学習科学、CSCLという分野全体の知見から、こうした協調学習で質の高い知識が定着するだけでなく、次の学習につながる疑問—言わば学習意欲—が生じやすいという効果が得られています。

▽つまり、答えが出たとたんに学んだことを忘れるのではなく、その先に各自なりにこだわって考えていこうと思うところを見付けやすくなり、だから授業と授業や、学校と学校外の生活がつながりやすくなるのです。

▽全ての授業で協調学習を取り入れる必要はなく、子供たちに「深く理解してほしいこと」が

47 本書では、複数の人が関わり合って学ぶ基本的な形態を指して「協調学習」という用語を用います。「協同学習」がcooperative learningという関わり合いや分業など特定の学び方に結び付けられた訳語として使われるのに対し、より一般的で中立的な「複数人が関わる学び、及びそのメカニズム」を指します。訳語はcollaborative learningで、海外でも広い意味で用いられています。したがって、同調性を含意するわけではありません。また、国内では「学びの共同体」が佐藤学氏の実践、「協同学習」が日本協同教育学会と結び付いたメソッドを含意するのに対し、それらの実践でも自然に起きるメカニズムを指すために「協調学習」を用います。「協働学習」も同様の候補になりますが、社会人など広く一般の「協働」作業と使い分けるため、児童・生徒の学習には、この用語を用いることにします。

48 もし「文化的貧困が資質・能力ベースの教育で現れやすい」という言説が本当だとしたら、それは「学びの出発点となる考え」が経験の貧困さで作りにくいことと関係するかもしれません。その場合は、資料などで経験を補う足場掛けを授業の中で工夫すると同時に、例えば、本章3(1)節で見たような文化的遊び(しりとりなど)を社会全体で支援する工夫が必要でしょう。

ある場合等に狙って行えればよいでしょう。幅広い知識を短時間に伝達したい場合等には、講義の方が有効なこともあります。

▽学校段階や学年、単元に応じて、何を覚えておいて欲しいことにとどめ、何を深く分かって欲しいことにするかの切り分けが大事です（覚えたことが後で考える材料になることもあります）。資質・能力を重視した教育は、教科等の個別具体的な知識の習得を妨げるのではなく、重点の置き方（軽重）に配慮し、知識を構造化するものでなくてはなりません。

③「質の高い知識」を得る学び方と基礎的なリテラシー

「しっかり学ぶ」ためには、基礎となるリテラシーとして、単に世界にアクセスして情報を収集（インプット）し、発信（アウトプット）するだけでなく、多様で断片的な情報を一貫した意味のある形にまとめる力が求められるようになってきています。

リテラシーと言えば、従来は「読み書き算（3Rs：reading, writing and arithmetic）」のことを指しましたが、情報通信技術の進展により、それらをコンピュータ等の上で同時に行う―リテラシーを融合的に使う―必要が出てきました。例えば、テキストや図表をウェブ上で読み取って分析し、使える情報を集めて、動画や写真とともにマルチメディア文書を作成し、世界に向けて発信するなどです。つまり、これからは「読み・書き・算・ICT」と並列的にリテラシーを増やしていくというより、読み書き算を融合したICTリテラシー、あるいは「情報統合能力」が必要になってきます[49]。情報は容易に蓄積・検索ができるようになってきただけに、それらを活用して統合する能力に価値が置かれるようになってきたということです。

このような基礎的リテラシーが充実していると、それが「基礎的な力（いわゆる『基礎力』）」となって思考がしやすくなります。ここでの学ぶ対象は、手続であり、それを流《りゅう》暢《ちょう》に「学びの道具」として使えることが目標となります。これがベーシクス（Basics）と呼ばれる「基礎」に当たります。

(2) 重視したい「より高次な教育目標」と学び方

資質・能力と言えば、「問題発見力」や「創造力」、あるいは「コミュニケーション能力」「コラボレーション能力」などがイメージされるのではないでしょうか。本書では、それらが教科等の内容の学習と一体化して育成されるべきと説明してきましたが、実際どのように一体化されるかを考えてみましょう。

まず、「問題を自ら見いだして、仲間と対話し協働しながら、答えを創造する」資質・能力を考えてみましょう。この「問題の発見」は非常に重要な教育目標ですが、「言うは易《やす》く行うは難し」という目標の典型でしょう。本章3節で見たとおり、たとえ問題解決が「問題発見―同定―計画―実行―振り返り」といった過程で成り立っているとしても、学

49　これは、フィンランドの次期カリキュラムスタンダードに取り入れられる予定の、様々なメディアを扱う「マルチリテラシー」、あるいは、最近提唱される「トランスリテラシー」に近いものです。

習はその順序通りに行う必要がないこと、むしろ、与えられた問題の解決経験を基に問題発見に迫る学習順序があり得ることが示唆されています。つまり、先の(1)節に記したような「知識の質を向上させる課題解決型の学習」から、解くべき問題や疑問を見いだす学習過程があり得るのです。

その疑問が生まれる過程には、大別して次の二つの要因が含まれます。

▽豊富化した知識自体が次の疑問を指し示す要因。つまり、分かって初めて次の分からないことが見えてくるというもの。

▽学習者自身が主体的に次の疑問を探そうとする要因。つまり、学習者が分かったことを能動的に適用して、次の分からないことを見いだそうとするもの。

後者は、より自覚的でメタ認知的な（意図的学習）過程だと言えますが、いずれにせよ、「自分が何をどこまで分かったか」「次に知りたいことは何か」を振り返るような活動が、両方の要因を働かせるために有効です。つまり、思考力を働かせて課題解決に従事した過程を、**言わば体験的なデータとして見直し、次につなげる「実践的な力（言わば『実践力』）」**が教育目標として掲げられるとよいでしょう。

次に、コミュニケーションやコラボレーションなど、第2期教育振興基本計画の「自立、協働、創造」にも関わる能力について考えてみましょう。こうした力は、従来、道徳や特別活動、総合的な学習の時間などを中心に培われるものと思われてきました。子供たちに課題の設定やクラスの関係性やルールの構築を任せることが多いためです（本章3(5)節：石井、２０１４年）。こうした教科外の経験も重要ですが、本章1節に記したように、「つなぐこと」「一体化」を目指すのであれば、教科等の学習もこうした力の育成につなげてよいはずです。そこで、資質・能力の捉え方や知識の質を向上させるための協調学習について本章5節の内容を振り返ると、**知識の質を向上できるような学びに従事することが、同時に、コミュニケーション、コラボレーション、イノベーションといった能力、あるいは、自立、協働、創造といった力を身に付ける基礎となる**可能性がうかがえます。

まず、コミュニケーションあるいは自立の基盤は、「人に聞いてほしい自分の考えを持つ」というところにあります。**図２５や図２６**のように、問題に対するレベル１の自分なりの考えをレベル３の理論と結び付けていく学習では、それぞれの学習者の経験が多様であるだけに、レベル１の自分の考えを表明しやすい状況を作ります。

次に、コラボレーションあるいは協働の基盤は、「考えの異なる他者とも対話[50]して考えを良くする」ところにあります。**図２６**のレベル２のところで科学者と同じように、話し合いながら考え精緻《せいち》化する学習は、このコラボレーションを頻繁に求めます。[51]

50　対話は、あくまで言語活動の一つにしか過ぎませんが、話し言葉は、その場ですぐ思いついたことを表現し、言い換えしやすい特徴などがあるため、考えを柔軟に変えやすい利点があります。生活の中で最初に覚えた話し言葉の力を使って、自分たちの考えを交換し、作り替えて、新しい考えを生み出すことに対話は向いています。こうして考えたことは、書き言葉で表現する材料にもなり、一層書く力を伸ばすことに役立ちます。

最後に、イノベーションすなわち創造の基盤は、「いろんな考えを合わせて、今までにない考えや答えをつくり出す」ところにあります。図26のレベル3は、たとえ、科学者の既存の答えを想定していても、それを学習者自身で納得することや再構成、再発見することを求めますので、「自分たちで答えを創出すること」を要請します。その集団での達成経験を振り返ることができれば、民主的な社会の形成の仕方や、その中での自分らしい貢献の仕方を知るヒントになるでしょう。

ただし、こうした過程は、思考力等をフル活用する学習ですので、そこでしっかり学んでいるほど、「互いにどうやって協力して答えにたどり着いたのか」などを意識する余裕がなくなります。したがって、こうした**過程を振り返って、いわゆる「実践力」―自分たちの協調的な関係形成力―につなげていく活動**が必要です。

最後に、このような自立や協働、創造に対応した価値の学習があります。現代的諸課題で扱われるような持続可能な未来づくりに向けた生命、環境などの価値もあります。

これらの価値も、ここまでの議論に基づくと、学習者本人が自分の経験や知識、認識論に照らしながら、守るべきかどうか主体的に判断し、仲間と話し合い、大切なものだと納得して守ったり発展させていったりすることが重要です。なぜなら、次の指摘に見るように、学ぶ対象が社会的な価値やルールであれ、科学のメカニズムであれ、考えることを教育の中核に据えるのであれば、学習者が証拠等に基づいて科学的に考えることが求められるからです。教育課程の一部で考える力を強調しておきながら、価値だけは盲信することを求めるのは一貫性を欠くでしょう。逆に**学習者が納得した価値は、実際の行動につながる「実践力」の構成要素となっていく**でしょう。

> 例えば、高次な思考スキルが社会的な成功のために必要であり、学校がそうした心の習慣を育てることを求められていると考えるのだとすれば、子供たちが「証拠に対する敏感さと合理性に基づいた信念システムを作ることを全ての教科で行い、各領域におけるしっかりとした推論に基づいて考えるという態度を養う」ことが理想です。それもなるべく早いうちから、どれだけ不利な（注：こうした学力を身に付けるチャンスに乏しい階級・階層の）児童生徒にもこの期待を広げるべきでしょう。
> (Brown, 1998, p.341)

(3) まとめ

以上をまとめると、資質・能力を重視する教育で実現したいことは、「全ての子供が毎日しっかり学んで明日の学びにつなげていく」ことです。学習者一人一人に、主体的に考えてほしい、そのためにたくさん学んでほしい、学んだことを使って結び付けて生きてほしい——そのような考えを整理したのが、次の章です。

51　だからといって、四六時中話す必要はありません。科学者も良いアイデアを思いついたと感じたときには部屋を出て人の意見を求め、また分からなくなったら、部屋に戻って熟考する「Ebb and Flow（満ち引き）」をすることがよく知られています。

第5章

21世紀に求められる資質・能力とは？

第4章までを踏まえ、21世紀に求められる資質・能力を整理し、その構造と内容について検討していきます。ここまでに資質・能力が求められる背景や諸外国の動向、キー・コンピテンシーと21世紀型スキルの概要、21世紀に求められる教育の姿について検討してきました。そこから、資質・能力の目標としての階層性や「手段かつ目標」としての両面性が重要という示唆を得ました。

そこで本章では、資質・能力目標を最大公約数的に整理するとどのような構造・内容になるかを検討します。順序としては、整理した能力像を先に紹介し、その詳細を解説する中で、どのような背景に基づくものなのかを説明していきます。なお、教科等の内容に関わる記述も行いますが、飽くまで汎用的な資質・能力目標について述べたものであり、特定教科等との結び付けを意図したものではありません。

1　構造と詳細

資質・能力目標に求められる階層性を踏まえ、「思考力」を中核とし、それを支える「基礎力」と、思考力の使い方を方向付ける「実践力」の三層構造で資質・能力目標を構造化したのが、**図27**です。

表6が求められる力のイメージと構成要素とを示したものです。資質・能力の「手段かつ目標」という両面性を踏まえ、子供たちがその萌芽《ほうが》を潜在的に持っているものの、十全

図27　21世紀に求められる資質・能力の構造一例

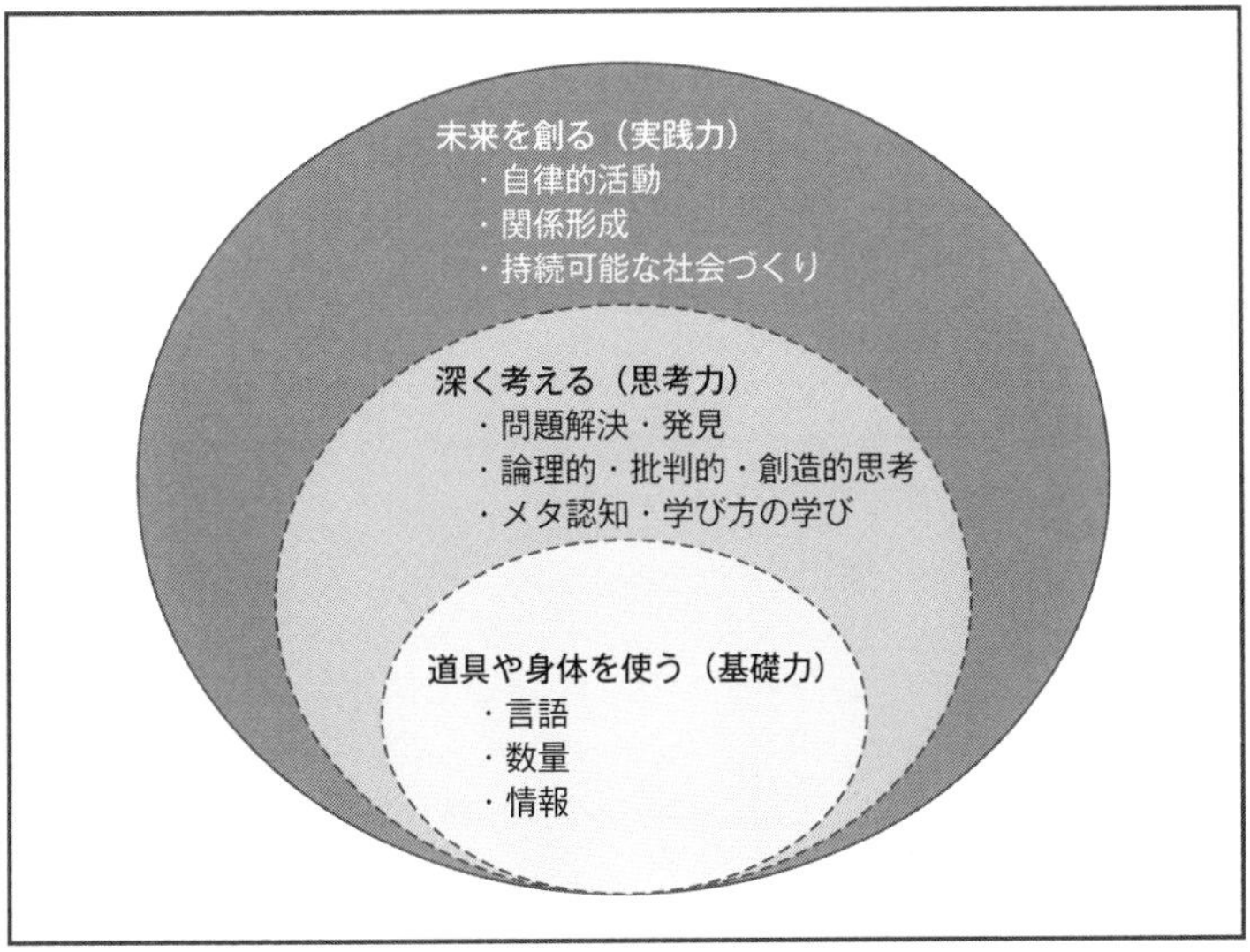

表6　21世紀に求められる資質・能力の内容（イメージ）

求められる力	具体像（イメージ）	構成要素
未来を創る（実践力）	生活や社会，環境の中に問題を見いだし，多様な他者と関係を築きながら答えを導き，自分の人生と社会を切り開いて，健やかで豊かな未来を創る力	自立的活動 関係形成 持続可能な社会づくり
深く考える（思考力）	一人一人が自分の考えを持って他者と対話し，考えを比較吟味して統合し，よりよい答えや知識を創り出す力，更に次の問いを見付け，学び続ける力	問題解決・発見 論理的・批判的・創造的思考 メタ認知・学び方の学び
道具や身体を使う（基礎力）	言語や数量，情報などの記号や自らの身体を用いて，世界を理解し，表現する力	言語 数量 情報（デジタル，絵，形，音等）

には使いこなしていないと思われる重要な力を示しています。2節以降で順にその内容を詳しく述べ、5節で三者の関係に付いて説明します。

2 「道具や身体を使う（基礎力）」

(1) 概要

基礎力は、言語、数量、情報（デジタル、絵、形、音など）を扱うスキルから構成され、道具としてのリテラシーを意味するものです。我々は、道具として言語、数量、情報や身体を使って、周囲の世界を認識したり、メッセージに表現したりしています。生活世界で生じる事象を把握したり、自分の思いや考えを効果的に表現したりできるようになるためには、これらの道具を思いのままに使いこなす経験が繰り返し求められるでしょう。未知の世界と出会い自分の思いや考えをより良く表現できるようになるためにも、心身を働かせて、ＩＣＴを含めた様々な道具を効果的に操作・活用できる基礎力の育成が課題となります。

(2) 詳細

知識基盤社会の進展の中で、「読み書き算」といった言語や数などの道具を心身の働きによって使いこなす基礎的な知識・技能を身に付けることがますます必要になってきています。さらに、急速に社会のデジタル化が進む中で、電子テキストを含めた情報を処理するＩＣＴ等の道具を使いこなす能力も不可欠になっています。また、自由で柔軟な表現や創造性の育成が求められる中で、世界の現象や芸術作品、自己の心身に向き合い、新しいものを創り出すのに必要な絵、形、音といった道具を使いこなす力、あるいは、体験を伴う理解が重視される中で、対象とする情報を収集、処理し表現するのに必要な身体や道具を使いこなす力が求められています。

別の言い方をすれば、**世界にアクセスし社会に参加していくためには、言語、数、ICT、絵、形、音などの道具や道具としての身体を心身の働きによって双方向的に使いこなして、世界の情報を収集し処理する力（聞く力、読む力、見る力、感じる力）、及び、世界に向けて表現する力（話す力、書く力、作る力）、つまり、基本的な媒介手段（メディア）の活用能力の育成が鍵となっている**のです。

(3) 特徴と働き方

基礎力は、言語スキルや数量スキル、情報スキル等を構成要素としています。その際、「基礎力」という呼び名から、学力の三要素の一つである「基礎的・基本的な知識・技能」と同一視されることを避けるため、「道具や身体を使う（基礎力）」とラベル化することで、求められる力の特徴を明示しました。

特徴の一つ目は、**基礎的・基本的な知識・技能を含めた教科等の内容を学習した中から、**

特に「生きて働く道具」として日々使うことができるリテラシーになったものを指す点です。それゆえ、言葉や数以外にも、形、音、身体動作など様々な手段（＝生きて働く道具）が含まれます。また、「道具」であるため、「実際に使えること」や「流暢《りゅうちょう》性」（なめらかに使えること）が重視されます。

▽この特徴について、極端かもしれませんが、一つの例で説明します。例えば、3000語の英単語を知っている生徒とその半分しか知らない生徒がいるとします。しかし、前者の生徒が会話する際に「思い付いた日本語を表現するには唯一の正しい英語表現しかない」と思い込み、それを探そうとして言葉が出ないのに対し、後者の生徒は伝えたいことを何とか既知の単語を使って平易に表現し、伝わるまで言い換えるとするならば、後者の生徒に「基礎力」があると見なします。そこには、生きて働くものとして身に付けた知識があり、伝わるまで言い直そうとする態度が認められるからです（もちろん、語彙が増えれば、より一層表現や言い換えが巧みにできるようになることは言うまでもありません）。このように、知識量も大事ですが、より大事なのは、その質です。特に周囲とコミュニケーションし、自分の世界を広げることに役立つような基礎的道具を身に付けることを推奨する観点から、「基礎力」という用語を用いました。

▽我々は母語であれば、こうした言語習得や活用を日常的に行っています。その力や学び方を外国語にも活用するという観点が「手段かつ目標」という考え方の一つの表れです（ただし、第二言語の習得は母語と同じメカニズムだけでは行えないことは、周知の事実です）。

二つ目の特徴は、**情報スキルに代表されるように「自らを『知っている状態』にまで引き上げる」力を指す**点です。情報環境が充実してきている世界では、「物事を知っている（暗記している）」のと同等に「調べられる」ことが大事になってくる―調べることで自分を「知っている」状態に持って行くことが大事になる―という点を踏まえ、「調べる力」「情報にアクセスする力」を基礎力と呼びました。

もちろん、領域知識があればあるほど、「どのあたりを調べればよいか」という推量や調べ方はうまくなります。その点で知識量は大事ですが、強調したいのは、知らないことを「現地調達」方式で調べる力があることは、（知識習得とは独立して）望ましいものだと考えられるということです。

情報機器を直観的に操作する力を子供たちは持っています（「デジタル・ネイティブ」という語があるのは、その一つの表れでしょう）。その潜在的な力を「基礎力」にするには、機器の適切で上質な使い方を学ぶ必要があります。簡単な例で検討しましょう。

▽現代の「開かれた情報空間（open informational world）」は、かつてない課題とチャンスを子供たちに与えています。情報が増えると、人が取る行動パターンは大まかに二つに分かれます。一つは、大量の情報から必要なところだけをさっと見分けて反応する刹那的なパターンです。短い文で情報発信できるというソーシャルネットワークサービスの「短文」化や、文章すら必要ないという「無文」化が刹那的な反応傾向に拍車をかけます。もう一つは、大

量情報から必要な情報を自分なりに深く探してつなげてまとめるパターンです。時間は掛かりますが、そこまで持続的に丁寧に考えて発信すれば、返信も楽しみになりますし、他者の発信を尊重する情報モラルも体得できるでしょう。

▽情報機器を直観的に使える力をベースとして、後者のような使い方—情報爆発をプレッシャーと感じるのではなく、世界を広げ、他者との交流を楽しみにできる使い方—をできるようになるためには、情報を収集・発信するだけでなく、収集した情報を整理しまとめる力が重要になります。これが、いわゆる「トランスリテラシー」と呼ばれ始めている情報統合能力です。

三つ目の特徴は、これらの様々なスキル、リテラシーが同じ「基礎力」に含まれることで示唆されるように、**様々なスキルが可能な範囲で相互作用的かつ一体的に使われることが想定されている**点です。

▽これは学習の際に「道具や身体」を一緒に使おうということです。例えば、母語か外国語かを問わず「読み書き」の学習の際に「声に出す」「声を聞く」という身体的な側面が大きな影響を与えることは言うまでもないことでしょう。また、芸術作品を含め、様々な作品の鑑賞（アプリシエーション）や創造において、知識による知覚の洗練[52]や身体の巧緻性が重要な役割を持ちます。五感等の身体や道具など全ての活用を通して、世界の不思議さや見事さ、美しさに気付き、様々な喜びを感じ取る能力も育成されていきます。

▽身体と知の関わりは、上記のように互いが互いを強め合う関係だけではなく、「頭で分かっていても体で実行できない」など物理的・身体的世界の制限性（限界があること）を知り、互いの違いが明確になる側面もあります。それは身体のリテラシーとでも呼ぶべき身体への気付き[53]を促すことにつながるかもしれません。
▽言語スキルと数量スキル等も一緒に使うことによって、例えば同じ教材を違う視点から読み解くことができたり、文学的な文章の数学的な構造に気付くことによって一層文学的な鑑賞が深まったりなどの互恵的な関係が期待できます。

3 「深く考える（思考力）」

(1) 概要

思考力は、問題解決・発見、論理的・批判的・創造的思考、メタ認知・学び方の学びから構成され、高次な思考を働かせながら、主体的・協働的に問題を解決し、更に新たな問いを見いだしていく力を意味します。我々は、自分の経験や知識を新たに学ぶ知識と結び

52 ヴァイオリンとヴィオラとを聞き分けて表現し、ベートーベンや芥川龍之介、葛飾北斎の有名でない作品まで見分けられる美的な弁別技能など。
53 身体を自分の状態を知る一つの手掛かりとして、体のどこに緊張や痛み、くつろぎや活力を感じているかを知る能力、恐怖、魅惑、嫌悪、欲望等を見分ける能力等も想定されます。

付け再構成して、自分なりの世界のモデルを創り変えています。その過程で、知識を活用できる深い理解を獲得し、主体的な学びができるようになるためは、理由や根拠まで問題を深く追究して納得する経験や、その思考プロセスを内省的に振り返り、学び方を学ぶといった経験を繰り返すことが求められるでしょう。将来的に社会や生活の中で問いを立て、直面する課題を主体的に解決できる学び手になるためには、論理的・批判的・創造的に深く考え、自らの学びを省察する高次の思考力の育成が課題となります。

(2) 詳細

あらゆる人間の活動に、問題解決はついてまわります。問題を問題として捉えるとともに、その解決に向けて一人一人が自ら学び判断し自分の考えを持って、他者と話し合い、考えを比較吟味して統合し、よりよい解を見いだす力、更に新しい知識を作り出し、次の問いを見付けるような力が、21世紀に求められる「思考力」を構成します。

そのために学校教育では、学習内容を学習する必然性が感じられる文脈の中で子供が思考し、知識・スキル・態度などを統合できるような目的的・意識的な学習活動を組織していく必要性があります。そのためにも「本質的な問い」を設定し、物事を「知っている」レベルから「分かる」レベル、「使える」レベルまで深めていくことが望まれます。それが「深く考える（思考力）」というラベルの意図です。

その中で、広い意味での思考力―問題の解決や発見、新しいアイデアの創造を行う力、論理的思考や批判的思考など様々な思考のモードを駆使する力、及び自らの学習過程を振り返り（メタ認知）、学び方を学んで新しい場面に使う適応的な学習の力など―が総動員されます。

本書第4章で整理したように、子供たちが考える力を潜在的に持つとすれば、その萌芽《ほうが》をあらゆる教育課程の機会において活用することによって、より高次な思考力を身に付けられる可能性があります。「より高次な思考力」で何を意味するかについて一例を示すと、「証拠を基に考える」という論理的・批判的思考力を養うことで、現在の状態を基に「もしも、こういうことを続けていると、好むと好まざるとに関わらず、論理的に、事実として、こういう事態になるが、それでよいのか」（佐伯、2004年、98頁）等と指摘できる力です。逆に言えば、「起きると分かっていても、最悪の事態について、考えることを止めてしまう。起きて困ることを直視せず、とりあえず目先のことをやる」（磯田、2013年、177～178頁）という思考の習慣に陥らないということです。

(3) 各要素とその働き方

以下、要素ごとにどのような力であり、どのような場面で働くかを順に解説します。なお、個別に説明はしますが、これらは一体となって活用・育成されるべきものであることに留意ください。

まず「問題解決・発見力」とは、個人あるいは集団で問題を発見し、解ける形に問題を

定義し、解決策を考え、実行するための思考力です。この過程については様々な整理がありますが、共通項として、①問題に直面したときに、問題があることに気付く、②問題を分類整理し定義する、③可能な解決方略を探究する、④結果を予測し、計画を実行する、⑤結果を振り返り、予測を検証するといった過程が含まれます（ブランスフォード・スタイン、1984年／1990年・デューイ、1910年）。

子供たちにとって、学校生活も含め、あらゆる生活場面で問題解決・発見力が求められます。その連綿とした問題解決過程を考えると、必ずしも上記の①のように発見から順に行うのではなく、解決が次の問題の発見を生む過程や、様々なステップを小さく繰り返し行う問題解決型の学習があってもよいでしょう（本書第4章3節）。

なお、問題解決・発見の過程で働く思考については、「再生産的思考」と「生産的思考」、あるいは「収れん的思考（垂直的思考）」と「拡散的思考（水平的思考）」など、多様な思考のモードが提案されてきました。本書では、その中でも特に「論理的・批判的・創造的思考力」を取り上げます[54]。

「論理的思考」は演えき推論や帰納推論など専門的な区別もできますが、要点は**「（具体的事実にせよ、抽象的言明にせよ）何らかの根拠を基に主張や結論を引き出す」**ことに尽きます。「主張や意見には何らかの根拠があるはず」と探そうとすることや、根拠と主張の間のつながりを丁寧に確かめようとすることなどが含まれます。

批判的思考は、平易に言えば、**「どのような情報を信じ、どのような行為を取るかを決**

めるために、きちんと（合理的に）じっくり（反省的に）考える」ということです。批判的思考の対象は、他者や世界だけでなく、自分自身――「自分は間違っているかもしれない」「他の考え方ができるかもしれない」「今のやり方をもっとよくすることができるかもしれない」などの自省――も含まれます。論理的思考が思考の基本形だとすれば、批判的思考は論理的思考も生かして、世界・他者・自己との関わりを再考し、より質の高い問題解決や発見を求めていくことに役立つものだと言えます。

「創造的思考」は一般の思考と質的な違いはないと言われるなど、定義の難しい過程ですが、**最も単純には「これまでとは違った新しい解決案を提案できる考え方」のこと**です。そのためには、既存の情報や知識を関連付けることや、頭の中のアイデアを描き出すなど外化して見直すこと、失敗に学びながら試行錯誤すること、協調的なインプットとフィードバックを使うことなどが有効だと言われています。論理的思考との関係で言えば、論理の制約を解き放たれることで創造が生まれるときもあれば、逆に現実世界の体験や制約に縛られずに論理的に推論を進めることで創造が生まれるときもあります。批判的思考との関係では、批判的思考が一つの答えを集中的に吟味・考案するのに対して、創造的思考は

54　他の候補に「システム思考」があります。これは、直面する問題を局所的に捉えるのでなく、問題の背景や様々な要因の相互関係――つまりシステム――を理解することで長期的・本質的な解決をもたらす思考のことです。相互作用性を強めるグローバル化社会でより重要性を増しつつある考え方です。システム思考の失敗例としては、ハブが増えた奄美大島で天敵であるマングースを離したところ、マングースが（一対一の関係では捕食対象である）ハブではなく、（島全体の中でより捕食しやすい）天然記念物の黒ウサギを捕食してしまった例が挙げられます。

拡散的だと対比される場合もあります。その一方で、批判的思考の特徴の一つに「違う考え方を探す」というものがありますので、批判的思考が創造的思考の一要素と位置付けられる場合もあります。

以上のように、論理的・批判的・創造的思考は、問題解決の様々な過程で多様に働きます。学校現場でも、例えば、問題発見や問題定義は創造的に行い、解決策の立案と実行は論理的に行い、結果の振り返りは批判的に行うなど、様々な組合せの工夫が考えられます。問題解決・発見を豊富に含む学習活動の中で、これらの力が多様な形で自然に引き出され、伸ばしていくことができればよいでしょう。

「メタ認知・学び方の学び」の**「メタ認知」とは、自分の問題の解き方や考え方等の認知過程に自分で働きかける過程一般**を指します。学習場面に限って言えば、自分の学習がゴールに向かってどの程度進んでいるのかをモニターし、どうすればうまく学ぶことができるかを考えたり、それに従って計画を立て直したりする過程に相当します。そこから、効果的な学び方を知り、タイムマネジメント（時間の使い方）も含めて[55]、自らの学習をコントロールする「学び方の学び」が可能になってきます。

自分の問題解決を振り返りモニターしコントロールすることは、学習場面で常に行いたいことですが、学習過程は、認知リソースを十分に活用して学んでいるときほどメタ認知しにくくなります（本書第3、4章）。そのため、豊富な学習経験を基に、記録も用いて、仲間とともに、意図的に学び方を振り返る機会が必要です。振り返りは現行学習指導要領で推奨されたように、学校教育では余り重視されてこなかった活動だと考えられるため、今後、その方法を工夫・共有することが一層求められます。[56]

メタ認知について、子供は、自分なりの「どうしたら学ぶことができるか」「ものを覚えられるか」といった「学習観」や「記憶観」を持っています。小学校高学年ともなれば「学ぶには反復が大事」「覚えるためには何度も書く」などそれなりの考えを述べます。このメタ認知を出発点としながら、人の実際の学び方に根差した教育の在り方へと作り変えていくことが、質の高い学び方の学びにつながります。

4 「未来を創る（実践力）」

(1) 概要

実践力は、自律的活動、関係形成、持続可能な社会づくりから構成され、自分自身と社

55 高度情報化社会では、従来入手できなかったような質の教材がウェブでアクセスできるなど、自分のペースで学ぶことが格段にやりやすくなっています。タイムマネジメントは「宿題をどの程度の時間でできるか」などの卑近な問題にとどまらず、一人一人が何をどこまで探究するか、あるいは何を反復して習得するかを判断するなど、意図的学習に関わる鍵となってきます。

56 授業の前後で同じ問いへの解答を書いて結果を見比べる（知識構成型ジグソー法）、毎日書きためた日誌を見直して何を勉強してきたか振り返る（上越市立大手町小学校）、学習内容を概念地図でつなげる（岩手県立盛岡第三高校）など、試してみられることは数多くあります。

会の未来を切り開いていく力を意味します。我々には、周りの世界と関わりながら、自らの生き方や生活の仕方を主体的に選んでいく自律的活動、多様な人々との相互理解を深め協働して問題解決していく関係形成、社会や自然の課題と向き合い、新たな価値を創造する持続可能な社会づくりが求められます。こうした自立・協働・創造の力を育むためには、子供たちが生きる現実的な文脈の中で、自分たちが主体となって、多様な人々と関わり合い協働しながら、具体的な課題を創造的に解決していく経験が必要となってくるでしょう。活力ある豊かな未来を創っていくためにも、自立した個人が、多様な人々と協働して、新しい価値を創造していく実践力の育成が課題となります。

(2) 詳細

現在、そしてこれからの社会の大きな特徴の一つは、社会の変化が激しく将来が読み切れないところにあるでしょう（本書第1章）。だからこそ、状況の変化に臨機応変に対応できる力、そして、できれば自ら変化を生み出す力が求められます。

変化に対応するためには、例外的な事態も含め、様々な可能性を予測しておく力、最善の努力を尽くしても「分からないこと（未知なこと）がある」と想定しておく謙虚かつ慎重な態度、さらに、予測できなかった想定外の事態に対してその場に「あるもの」を最大限生かして対処する力が必要になります。

また、将来が読み切れないということは、専門家など誰か一人の未来予測に頼ることができないということでもあります。だからこそ、一人一人が自ら考え、必要な場合にはリスクを取って行動することが必要になります。しかし、自分一人の考えは視野が狭い可能性が高いですので、他人と話し合い、より広い視野のものに作り直すことが望ましいでしょう。そのためには、よく考える人々のコミュニティが構築・発展できるとよいことになります。こうした前向きな課題発見・解決型の社会づくりを目指すために、「未来を創る（実践力）」というラベルを作りました。

実践力は、学校教育の中で実践的な課題を見付けて解く経験から身に付いていくものです。複雑な現実の中で常に新しい課題が出てくるからこそ、それを乗り越える工夫をすることで、実践力だけでなく、基礎力や思考力が伸びていくことが期待されます。また、具体的な課題に結び付けて自分や他者、社会に役立つ問いや答えを求めるだけに、学習内容が「自分事」になり、理解が一層深まることも期待されます。

また、実践力は、学校で育てたい力であるとともに、学校の外の「世界」―子供たちの生活の場であり、彼らが将来、社会人として働き、生きていく場となる地域や社会、グローバルな国際社会―と実際に関わって育てていくことが望ましい力です。したがって、「未来を創る（実践力）」の育成は、学校が社会に開かれ、地域や多様な機関と協働することを一層求めるものです。

以上のように実践力は、本書第2章の「社会スキル」と同様に、多様な側面を含みますが、大別すると、**実践的な課題の自律的な発見・解決**（191頁の**表6**の内容では「生活や社会、環境の中に問題を見いだし」に主に該当）、**多様な他者との協働、関係形成**（表6では「多様な他者と関係を築きながら答えを導き」に主に該当）、それらを通した**価値の学習・創造**（表6では「自分の人生と社会を切り開いて、健やかで豊かな未来を創る」に主に該当）という側面が含まれています。なおかつ、それらは互いに関わり合っています。以下、この側面の順に検討します。

① 実践的な課題の発見・解決

学校外での日常生活や卒業後の社会生活における課題の特徴は、それを「**課題として捉えようとしないと、そもそも課題として見えてこない**」という点にあるでしょう。それゆえ、**自分や周囲の者、社会にとって有意義な課題を見付けようとする態度、及び課題を見抜く知識・技能**が、まずは求められます。知識・技能は、課題状況に応じておのずと喚起されるような「自然な転移」だけでなく、意図的に、言わば我田引水してでも課題状況を自分の知っていることに引き寄せ、課題を見いだすことに使えるレベル—言わば「実践知」—になっていることが望ましいです。加えて、実践的な課題解決は、教科書の中に切り取られるようなサイズの課題を超えるために、「息の長い探究」を求める場合があります。ですので、**問いと答えを結び付ける様々な問題解決スキルや自律的な活動スキル、意図的学習に向けた意欲や態度**が求められます。

この実践的な課題発見・解決過程の特徴を、簡単な例で確かめておきましょう。

▽実践的な問題解決は、熟達者の中でも「適応的熟達者」の特徴だと言えます。波多野（2001年）は、決まった手続を驚くほど効率よく適用できる「定型的熟達者」に対して、手続の理由が分かっているからこそ、新規な状況でも柔軟な解法を創造することができる「適応的熟達者」がいると主張しました。波多野が挙げるのは、かつおのたたきを作る際に強火や氷水がないときにも「熱したフライパンに皮を押し付ける」等の新たな調理法を編み出す例です。それは、「皮を強火でさっと焼いてから氷水につける」という手続が「火であぶって固い皮を柔らかくし、さっと焼いて急速に冷やすことで刺身状態にするためだ」という理由を理解しているからできることです。実践知には、知識や技能の本質の理解が必要です。

▽問題の解決方法の理由や本質が分かっていることは、新規な課題の解決や発見にも貢献します。パスツールの研究者人生を解釈したラトゥール（Latour, 1984）によると、パスツールは一つの研究領域で、ある程度の成果を収めると、多くの人が関心を持つ、より難しい課題にチャレンジしました。ただし、かつての領域で習得した手法を用いて課題を見付け、その手法で解ける形に課題を変形するため、その領域の先駆者が気付かなかったような新しい発見をすることができました（結晶学で培った実験室的手法を使って低温殺菌法を発見するなど）。課題の解決に連れて、より多くの人の生活向上に役立つ研究成果が生まれました。

▽我々や子供たちがパスツールと同じ人生を歩む必要はありませんが、この解釈から次の三点が示唆されます。まず、第一に「問題発見」と言うと、あたかも「無から有を生みだす」イメージがありますが、自分が今までやってきたことを生かして解ける、かつ解いて意味のあ

る問題を見極める方法があって良いという点です。第二に、問題を解き終わったときに、それまで人々に見えていなかった現象や原因を見える形で外化し、それによって多くの人々を巻き込むという点です。第三に、自分のできることややりたいことを形にし、周囲の人の関心を呼んだり手伝ったりしてもらいながら、他者や社会の中での自分の役割を見直し、次の課題を見付けていく前向きな実践があり得るという点です。

▽このような実践的な課題発見と解決を繰り返していけば、知識や技能の質もおのずと高まるでしょう。ストークス（Stokes, 1997）も「本質的な理解・基礎原理を追究するか（する、しない）」と「知見の活用・実用化を考慮しているか（する、しない）」とを掛け合わせた4象限で、パスツールを「知見を活用しつつ本質的な理解を求める」研究者に位置付けています。

▽学習者が学んだことの活用を意識しつつ本質を理解することができれば、知識・理解の向上に役立つでしょう。これは「実践しながら内省し、振り返ってまた実践の質をよくする」という「省察的実践家」の概念に近いものです（ショーン、1983年／2001年／2007年）。この概念は、専門領域の知識・技術を実践に厳密かつ合理的に適用する「技術的熟達者」に対して、答えのない複雑で混とんとした実践の中で「状況との対話」を通してクライエントとともに問題の解決を図る専門家（医者、弁護士、建築家、教員など）の在り方を指したものです。そこでは、知識というより「知恵」が、理論と実践の融合から生まれてきます。

▽子供たちが大人や専門家の在り方を模倣する必要はありませんが、学んだことを定型的・技

術的に適用するだけでなく、実践の中で捉え直し、より実践的なものにしていくところから「知恵」が生まれてくるというのは重要なポイントです。単純化して言えば、**世界の問題を知り、疑問を持ち、考え、何ができるかを探し、実際に行為しながら考えること、その中で「知識」を自分や他者の幸せに役立てる「知恵」にしていくことが、実践力の一側面**だと位置付けられます。

以上を踏まえると、単に「教科で学んだことを教科横断的・総合的な学習に活用する」あるいは「学校や教室で学んだことを学校外の日常生活に適用して問題を解く」というだけでなく、教科横断的・総合的な課題に取り組みながら教科に関わる内容を自分たちで見分けたり見抜いたりする活動や、学校の内外を問わず、複雑で問いも答えもはっきりしない状況に対して、知っていることを持ち寄り、課題を見付け同定し解決していく活動が有効だと示唆されます。

なお、実践的な文脈における課題解決は、子供たちにチャレンジを課すだけでなく、子供たちが考えたり行動したりする助け・支援ともなります。なぜなら、現実的な文脈の方が、一度課題が把握できれば、子供にとって「その課題を解くために何を学べばよいか」「次に何をすればよいか」「解決がうまくいかないのはどうしてか」などが考えやすくなるからです（ブラウン・コリンズ・ドゥーグッド、1989年／1992年）。それは、日常的な遊びの中で、子供たちが目前の活動に夢中になって、「どうしてこうなったのか」「もっとうまくやるにはどうしたらよいか」を探索し、より難しいレベルの挑戦に向かっていく姿に表れているでしょう。

② 協調的な課題解決を通した関係形成

実践的な課題の特徴は、教室の仲間との分業や教室外の多様な他者との協力が必要だという点、さらに、もし一人で解に至ったとしてもそれが現実に波及効果を与えるため、**他者の意見をもらって慎重に吟味する協調が必要だという点、課題解決に関係者との合意形成が不可欠な場合がある点**などが挙げられます。

新しい物事を作り出す創造的な分業のためには、能力や役割、熟達度の多様性が鍵となります。協調的な活動では、本書第4章5節に見たように、自然発生的な役割分担や役割交代による視点の多様性が生まれます。さらに、有限のリソースを分け合う社会的な課題の解決では、利害関係者の多様な価値観のすり合わせによる合意形成がどうしても必要になります。いずれにおいても「多様性」が一つの鍵になります。

以上のような、一人では手に余る課題に、多様な他者と役割を分担し役割を交代しながら、それぞれの価値観をすり合わせて解決を模索する過程を考えると、その過程では当然様々な意見の不一致が生じてきます。その際、大人の社会でも、課題解決や目標達成のためなら、意見が対立してでも時間を掛けて話し合い、知恵を絞り合うように、子供たちにおいても、建設的なコミュニケーションによって課題が解決できる経験を早くから積み重ねることが求められます。それが子供たちに内在する「コミュニケーション能力（他者に伝えたいことを持って伝えようとするなど）」や「コラボレーション能力（人と対話しながら考えを発展させ問題を解こうとするなど）」を引き出し、使いながらより上質で自覚的な能力へと成長させることになります。

そこで求められる姿のイメージは、一人の子供が大きな声できっぱりと正しいことを言い切って、他の子供の反論を一切認めない姿、あるいは、互いの意見を最後まで聞かずに自らの正しさだけを力説する姿ではなく、一人一人が意見を出し、それを「聞き合う」ことに重点を置きながら、話し手と聞き手の立場を交換して、自分たちの意見やその前提、目的を明確にし、妥協できるところを探っていく姿でしょう。

▽そのためには、まず、「相手も自分と同じ考えだ」「話さなくても分かってくれる」と安易に想定するのではなく、「相手は自分と違う人間なのだから、どれだけ察しようと努力しても、その気持ちや真意までは分からない」という前提の上で対話することが重要です。自分の考えを伝え、分かってもらえなければ表現し直し、相手の誤解や納得していないところを察知して丁寧に考え直し、自分の意見の根底にあるものの見方や考え方を知ること、そして、直接「相手の気持ちになる」のではなく、相手の置かれた状況や背景であれば自分ならどう考え行動するかを理解しようとすること、相手の言うことで分からないところがあれば、「分からない」と素直に表明できること、相手の考えが自分と似ていてもあえて「違う」ものとして見直すことなどが、そこには含まれます。つまり、簡単には理解し合えないことを通じて、

対話を深めていく過程です。これは、特にグローバル社会における異文化理解で重要になってきます。

▽さらに、意見が一致しない場合は、それぞれが持つ価値観（何を大事にしているのかという言わば「物差し」）を見比べながら、妥協点を見いだしていくことが大切です。そのためには、「妥協することはマイナスではない。互いの意見を衝突させて前向きに『妥協点』を見いだしていくことこそ、対話の最高到達点」（北川・平田、２００８年）という前提を持っておくこと、その上で、みんなで議論し主張や利害をすり合わせて決めたことは最後まで責任を持って実践することが重要です。

▽以上のような建設的な対話を通した課題解決体験を繰り返すこと―平易に言えば対話の「手間の掛かり方」に慣れること―で、子供たちには、他者と対等な立場でごく自然に言いたいことを言う力や、相手の言いたいことを聞き取る力、他者の意見で自分の意見や考えを再考し表現し直す力が付くでしょう。さらに、自分と同じように他人にも様々な考えがあり、だからこそ「物事を進める上で他人の意見を聞いておかないと後で問題になるし、自分にとってのメリットも生まれない」という自覚を身に付け、意見の不一致を歓迎する態度[57]を培うことが期待されます。逆に、何か全体の決定に違和感があるときにはそれを主張することは悪いことではなく、何も言われないうちから他者の気持ちや考えを忖度《そんたく》してしまうことは社会全体の判断の質を落とすことだと自覚できるでしょう。これは、公共的な課題に関して、傍観者ではなく自ら課題解決者となる能力につながり、ひいては、「平和で民主的な国家及び

社会の形成者」（教基法第一条）として育つ第一歩になるでしょう。

実践的な問題解決の場面において、多様な価値観を持つ人々と協働して創造的な解を創り出すことができる市民を育てるためには、学校教育においても、こうした問題解決を繰り返しながら、その過程を振り返りメタ認知していくことが望まれます。メタ認知は、総合的な学習の時間や特別活動に限らず、様々な教科等で「基礎力」「思考力」を活用した**協調的な学習を行いながら、その社会的な人間関係に関わる側面を振り返って、自分の学びに対する他者の貢献を知ることでも形成していくことができる**でしょう。

実践力の萌芽《ほうが》は、気心の知れた友達との休み時間の会話にもありますが、対等な立場でのけんかにもあります。互いに何を伝えたくて何を聞き合えなくてけんかに至ったのか、謝ることと許すことの体験を通して、けんかの理由や自分なりの言い分をしっかり表現できるか―これらは関係形成の貴重な出発点になります。さらに、ブランコに乗る順番などがけんかの理由であれば、同時に占有できない（だからこそ衝突の原因になる）物理的な資源の共有の仕方を考えていく出発点にもなります。

57 意見の不一致を歓迎する態度は、本書第3章11節にあるキー・コンピテンシーの「環境の期待のとりこにならないための思慮深さ」の具体化だと言えます。社会や組織のとりこにならないためには、本人が不一致を表明できることとそれを許容する文化が必要だからです。また、「自分の考えを出すことほど面白いことはない」「考えの表明は一種の自己表現であり、それぞれの考えが違うからこそ表現することが大事で、面白い」というメタ認知まで獲得することができれば、より肯定的に意見の不一致を楽しむことができます。

③ 価値の学習

上記に見るように、多様な他者との関係は、価値の学習と密接に関係してきます。ここで言う「価値」には、各個人が国や地域、家庭文化の影響を受けながら、自ら判断し経験する中で育まれてきた各自の価値観と、学校教育で大切にされる共通の価値との両方が含まれます。

学校教育で大切にしたい価値とは何か、そしてそれらを学習者にどう学んでもらって自らの価値観を形成していってもらうかを考えるため、我々は「未来を創る力」をこれからの社会づくりの理念である自立・協働・創造を実現するための力と捉え、それを更に「自分自身に関すること」「他者や集団との関わりに関すること」「社会や自然に関すること」の観点で**表7**のように整理しました。なお、この三観点は本節③④⑤の三側面とは一致しません。

表7には一部のみを載せましたが、自律的活動を行うには、良心や言論の自由などを中核とする自律や自己決定という積極的自由、それを可能にする責任やレジリエンス、社会的信用が必要になります。関係形成を行うには、先の4節に記したような思いやりや配慮、寛容、更には連帯、共生が必要になります。持続可能な社会づくりには、正義、公正や平等といった価値が必要になります。さらに、我が国は、自然や命という視点をこれまでの学校教育で重視してきており、ＥＳＤの提唱国にもなりました。「未来を創る力」として、「自

表7　実践力の構成要素と価値

	自立的活動	関係形成	持続可能な社会づくり
能力	自己理解・自己調整 キャリアデザイン 意思決定（選択）	共感 コミュニケーション チームワーク・合意形成	社会・文化理解 環境意識 創造
価値	自律・責任 レジリエンス	思いやり・配慮 寛容	正義・公正・平和 尊重（命・自然・文化）

然・命」という視点を盛り込むことによって、この構造化は、日本の学校教育の強みや良さを生かし、継承していくことを意識しています。

これらの価値が一体的に教室の子供たち全員に共有されれば、「共生社会の形成に向けたインクルーシブ教育システム構築のための特別支援教育の推進」（中教審初等中等教育分科会特別支援教育の在り方に関する特別委員会報告：平成２４年７月）にあるような「これまで必ずしも十分に社会参加できるような環境になかった障害者等が、積極的に参加・貢献していくことができる社会」「誰もが相互に人格と個性を尊重し支え合い、人々の多様な在り方を相互に認め合える全員参加型の社会」としての「共生社会」が実現可能になってきます。

加えて、深刻化・複雑化する環境問題や国際関係の問題に鑑みれば、持続可能な社会づくりは喫緊の課題だと言えます。

しかし、これらの価値を一方的に教え込むと、本書で強調してきたような学習者主体の教育が難しくなります。また、押しつけることと自体が「自律・自己決定」といった価値観と矛盾します。

したがって、子供自らがこれらの価値を守るべきものと判断して大切にしていく主体性が保証される必要があります。逆に、もしそうした教育に成功すれば、それが子供自身の社会の在り方の見直しや地球環境・生態系全体から見た人類の存在の見直しなど新たな価値観の創造につながる可能性があるでしょう。

グローバル化する教育現場においては、「多様な文化背景を背負った多様な価値観を持った児童生徒がいる」ことを前提として教育を考えていく需要も高まりつつあります。

したがって、教員は特定の価値観の押し付けではなく、子供たちがそれぞれの価値を「もっともだ」「必要だ」「大切だ」等と吟味する機会を保証したいところです。例えば、最も基本的な「公正」として「自分ばかり発言しないで、発言を控えて人の話を聞こう」という目当てがあったとき、子供たちが建設的な相互作用の実体験から「確かに相手の話を聞いて考え直してみると、自分の発言がもっとよくなる」「話を聞いたら友達の意外な一面が見えた」等を実感して自分たちで教室の談話を変えていくことができるかなどです。これらを通して、子供たちが思考力の育成において「考える主体は自分たちだ」と理解することが大事であったように、実践力の育成においては「判断するのは自分たちだ」と理解していくことが一つの鍵になります。

5　三つの力の相互関係

ここでは、三つの力の相互関係について整理します。

(1) 三つの力の相互関係

我々が実生活や実社会で出会う様々な問題においては、「道具や身体を使いこなす力」や「考える力」を「何のために使うのか」が問われます。変化の激しい、先の見えない社会の中で、身に付けた力を発揮して、自分の人生をどう切り開いていくのか、多様な人々とともにどのような社会を創っていくのか。正解が一つではないこれらの問いに自ら、あるいは協働で答えを出すことができる子供たちを育てるために、未来を創るための「実践力」を三層の最も外側に位置付けました。

「実践力」は三層の外側に「考える力」や「道具を使いこなす力」と区別して位置付けられていますが、それによって実践力がこれらの力とは別に育成されることを意味するものではありません。「未来を創る力」は、実践的な問題を解決していく力であり、内省と実践を繰り返すプロセスを必要とします。当然、「深く考える力」を要請しますし、「道具や身体を使いこなす力」は、それを使って実際の問題を解決していく中で更に育まれると期待できます。

三つの力は、それぞれ分離・独立したものではなく、一体として働くものです。すなわち、**三つの力が一体として働くことによって、「学びの道具を使って、深く考え、未来を創る」ことが可能になります。**それが、「生きる力」の育成にも貢献するでしょう。

さらに、「民主的な社会の形成者」の観点から見ると、三つの力が一体として働く過程を**「知り、考え、行動する」とまとめることもできます。**一人一人の子供が世界にアクセスし、主体的に思考する市民になることができれば、多様な意見が共有でき、社会がより成熟することになります。一人一人が自由に意見を述べることが許され、意見の違いから互いの考えを深めることが自然にできるようになれば、自立も一層促されることになるでしょう。

同様に、**歴史的な軸で考えれば、「過去の解決策を知り、現在の課題を考え、未来を創るべく行動する」とまとめることもできます。**それは逆に言うと、「過去を忘れ、現在の問題から目をそらし、現実から遊離した未来を語る」という姿勢を取らないということです。

(2) 思考力と実践力の関係

次に「思考力」と「実践力」の双方に「問題発見」と「協調」が入っている点について補足します。まず、本書では、第4章及び本章2節で記したように、学校における問題解決型の学習が「子供自身の問題発見」から出発するだけでなくても良いことや、教師の与える本質的な問題への解決が子供の次の疑問（問い）の発見につながる可能性があることを確かめてきました。その観点から、思考力では「答えを創り出す」ところから「次の問いを見付ける」と表現し、実践力において、自ら見付けた問いも含めて「生活や社会、環境の中に問題を見いだす」学習過程を表現しています。さらに、同じ「他者との協調」でも、上記の前提を反映して、思考力では学級での学び合い、実践力では社会での学び合いを想定しています。

この両者をまとめると、教室での問題解決・発見経験から教室外での問題発見・解決へという流れを繰り返し経験することによって、「先生が問題を与えてくれていた世界」から、将来「仲間と共に問題を見付けて解く世界」へ、更に「問題に気付く者が自分一人しかいない場合も、周囲に仲間を探し、集めて解く世界」へと飛躍する支えになること、及びその過程で多様な他者との協調問題解決や共生の能力も身に付けることを期待しています。

(3) 資質・能力と知識の関係

以上の資質・能力を知識の質と結び付けて考えてみましょう。次頁の**表8**の右端に、「都道府県庁所在地の名称と位置」を例として、それぞれの資質・能力との関係を示しました。同じ内容でも、基礎力のレベルでは、これらを自分で地図や事典やＩＣＴを使って調べられることが目標になります。思考力は、なぜそこにあるか—歴史的な経緯や経済的・地理的・政治的な根拠—を説明できることが目標になります。これに対して、実践力は、それらの知識を使って、例えば「もし都道府県庁所在地を移転するならどこがよいか」を提案できることが目標になります。それは単に知識があるかどうか、答えを導くことができるかを超えて、様々な人が関わる問題になってきますので、その利害や価値観を調整しながら、現実的にどこに解を見いだしていくかを実践的に考える必要が出てきます。そのとき、

表８　資質・能力と知識の質のイメージ

求められる力	具体像（イメージ）	知識の質（例）
未来を創る（実践力）	生活や社会，環境の中に問題を見いだし，多様な他者と関係を築きながら答えを導き，自分の人生と社会を切り開いて，健やかで豊かな未来を創る力	移転するならどこがよいかを提案できる
深く考える（思考力）	一人一人が自分の考えを持って他者と対話し，考えを比較吟味して統合し，よりよい答えや知識を創り出す力，更に次の問いを見付け，学び続ける力	なぜそこにあるかを説明できる
道具や身体を使う（基礎力）	言語や数量，情報などの記号や自らの身体を用いて，世界を理解し，表現する力（言語，数量，ICT，身体のリテラシー）	都道府県庁所在地の名称と位置を調べられる

基礎力、思考力も一体的に使われることになります。

また、知識と価値を共に学ぶ例として、「税金」を例に考えてみましょう。この場合、基礎力は、税金の種類や内容を調べて整理できる力です。これに対し、思考力は、税金を「負担となる嫌なもの」と捉えていたような考え方を再考し、「自分がいる学校も含めて、公的な施設が税金で作られていること」や「今の税金が未来への投資となること」等の理解にまで至る力です。実践力は、その学びに基づいて「大人になったら、ちゃんと税金を払おう」と考えたり、「大企業優遇の税金カットが公的財産のフリーライドによる私的利益の追求ではないか」と声を上げたり、「景気浮遊による税収拡大の効果もあるのではないか」といった異論を受けて対話したりといった実践的な判断・合意を行う力です。基礎力は、一連の活動の中で、資料やグラフを読んだり解釈結果を話し合ったり議論に使われるメタファを分析したりなどの過程に使われます。

２１世紀の資質・能力教育は、子供が考えなくてすむような分かりやすい説明を教員が与える授業ではなく、子供自らが考えたくなる、あるいは考えざるを得ないような課題と、考えるための材料（ここに講義も含まれます）などの提供を通して子供自らが答えや説明を創り上げる授業をイメージしています。なぜなら、そうした授業を通じて知識やルールを学ぶことで、権威に従って形式的に受容するのではなく、なぜそれらがあるのかを納得し、自ら判断してそれらを守ったり修正したり新しい知識やルールを創造したりすることが期待されるからです。

「深く考える力」を軸に教科等の本質を学ぶ経験が、教育課程全体として、基礎的な技能の習得だけでなく、実践的な課題の探究につながることが望まれます。しかし、実践的な課題は、地域や学校、教室、子供ごとに固有で多様であると予想されます。加えて、そもそも実践力が前向きに新しい課題を求めていく力であるとすれば、あらかじめその能力の要素を厳密に定義することは難しいでしょう。その点に鑑みれば、この資質・能力の構造化も「正解」としてではなく、不断に更新できる一つの材料として捉えられることを期待します。むしろ、そのように捉えていただくことが、子供に実践力を育成する大人側の実践力の現れだと言えるかもしれません。

6　内容と学習活動と資質・能力のサイクル例

　21世紀に求められる資質・能力育成に向けた授業づくりについて、第4章に示した「内容と学習活動の資質・能力のサイクル」として整理することができるかを、国立教育政策研究所（2014年）に示した実践例を基に、ごく簡単に例示します。

(1) 知識構成型ジグソー法授業との結び付け

　知識構成型ジグソー法という授業実践（http://coref.u-tokyo.ac.jp/：CoREF, 2015）では、与えられた一つの課題に学習者が3、4の資料を分担して読み合わせて答えを作ります。例えば、「豊臣秀吉はどのような社会を作ったのか」という問いに、中学生が「身分統制令」と「刀狩り令」と「太閤（たいこう）検地」に関わる資料を分担して読み込み、三人組で内容を交換して答えを出します。そこから「秀吉は農民を武士と区別し年貢などの負担を重くして反乱を防ぎ、武士にとって安定した社会を作った」という答えが生徒の8割以上でなされます。これに対して、同じ資料を使っても、「豊臣秀吉が作った三つの制度について学ぼう」という問いでは、単に内容を羅列した答えになりやすいです。つまり、知識構成型ジグソー法の授業では、「知識の統合を求める問い」によって子供の考える力を引き出し教科等の本質に触れる学びを可能にすることを狙っています。さらに、その学習活

図28　知識構成型ジグソー法授業でのつなぎ方

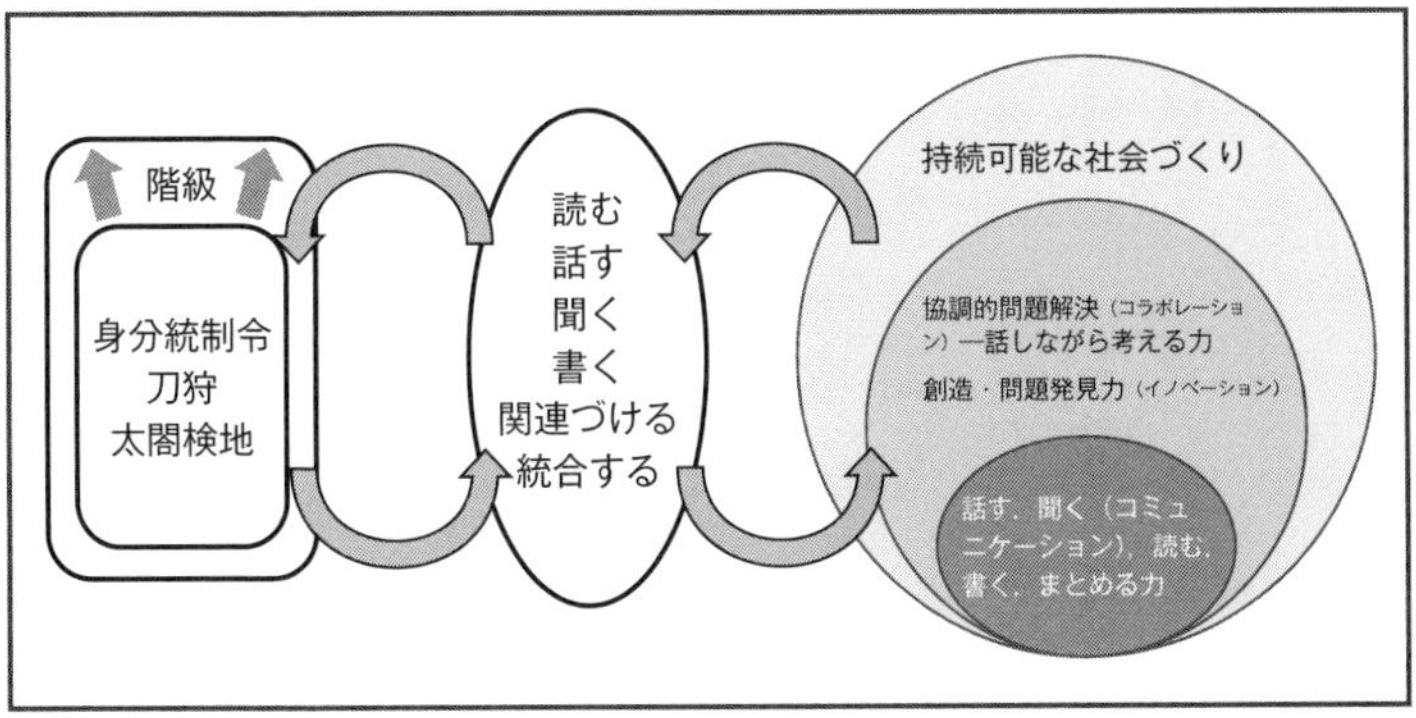

動の中に自分の読んだ資料を基に、その内容と自分の考えを説明するコミュニケーション能力や、仲間の資料内容や考えを聞き、まとめ方を考えながら話し、話し合いながら考えるコラボレーション（協調問題解決）能力、答えを生み出すイノベーション能力（創造力）が自然に用いられます。加えて、上記の授業実践では、「今の社会は誰にとって住みやすいのかな？」といった自分たちの生活に関わる実践的な問いも生まれると言います。

知識構成型ジグソー法の授業と２１世紀に求められる資質・能力を結び付けた例を図２８に示します。図に見るように、読んだり話したり聞いたりする基礎力や、対話しながら考えたり問題を解いたりする思考力をジグソー法の一連の活動で引き出し、身分統制令などの知識の断片を組み合わせることで、「階級」という大きな概念（ビッグアイデア）をつかみ、「今の社会は誰にとって住みやすいものか」という次の実践的な問いを考えて持続可能な社会づくりへと向かっていくサイクルが示されています。

知識構成型ジグソー法に限らず、問いや学習課題を掘り下げることで、子供たちの資質・能力を引き出し育む授業実践ができることはよく知られたことでしょう。「深く考える」学習は、教科等の「基本」とも言える本質に迫る一方で、それが日常生活や社会にどう関わるかまで考えられると、教科等を超える学びにつながる可能性があります。また、子供がそこで得たものの見方（科学的な視点や社会的な視点など）で様々な問題を日常的に考えることができるようになれば、物事の見方を変えるという資質・能力も育まれます。その点で、図28左側の学習内容には、各教科で学んだ知識を小さいボックスに入れ、そこから広がる教科横断的な上位概念を大きなボックスに描くといった授業も構想できます。

(2) 総合的な学習の時間との結び付け

もう一例、教科等の学習以外の総合的な学習の時間との結び付けも紹介します。

実践は新宿区立大久保小学校の例です。詳細は割愛しますが、この小学校には外国につながりを持つ児童が多くいるため、従来は日本語が得意でない児童にドリル学習をさせていました。サイクル図で言えば、学習活動の工夫がなくとも、日本語の読み書き技能という「内容」を反復すれば、基礎力が身に付いてくるという構想だったと言えます。第4章で見たように「まず基礎をしっかり固めれば探究活動も行える」という学習観も働いていたのでしょう。

しかし、意外なことに、探究型の学習に切り替えて、課題を追求する中で日本語を使った方が、技能は習得させやすくなりました。確かに、日常生活では「相手と意思を通じ合いたい」という目標を実現しようとするうちに結果として言語を習得するものです。そう考えると、意味のある文脈で技能を学ぶことには、技能を目標実現の「基礎」として役立たせる効果があると考えられます。

そうだとしても、第4章で見たように、単にプロジェクト学習等の探究型の学習をすれば資質・能力が育成されるものではありません。見学した三田先生の総合的な学習の時間では、児童が一人で考え、班ごとに話し合い、全体でまとめる活動を思考ツールで支え、最後に一人ずつ書いてまとめる時間を確保していました。この学習活動の工夫により、日本語が不慣れな児童でも、自分の考えをまず持ち、小グループで仲間の会話を聞きながら、チャンスがあれば発言してみる機会が保障されていました。

話し言葉は、書き言葉に比べて表現を作り替えやすい分だけ、考えを柔軟に変えることに役立ちます。見学した一授業の中だけでも、学習対象のつつじをどうしたいのかという多様な意見が、「守る」のか「地域に広める」のかという二つに大きく集約され、さらに二項対立的に捉えられていた両者が「まずは守らなければ、広めることもできない」と統合的に考えられるようになるなど、ダイナミックに変化しました。そのような多様な考えの交換と深まりに参加しながら、誰もが最後に、自分の考えを文章でまとめ、考えに「形」を与えることで、最初の考えからの発展も見ることができました。それが次の授業につな

図29　総合的な学習の時間でのつなぎ方

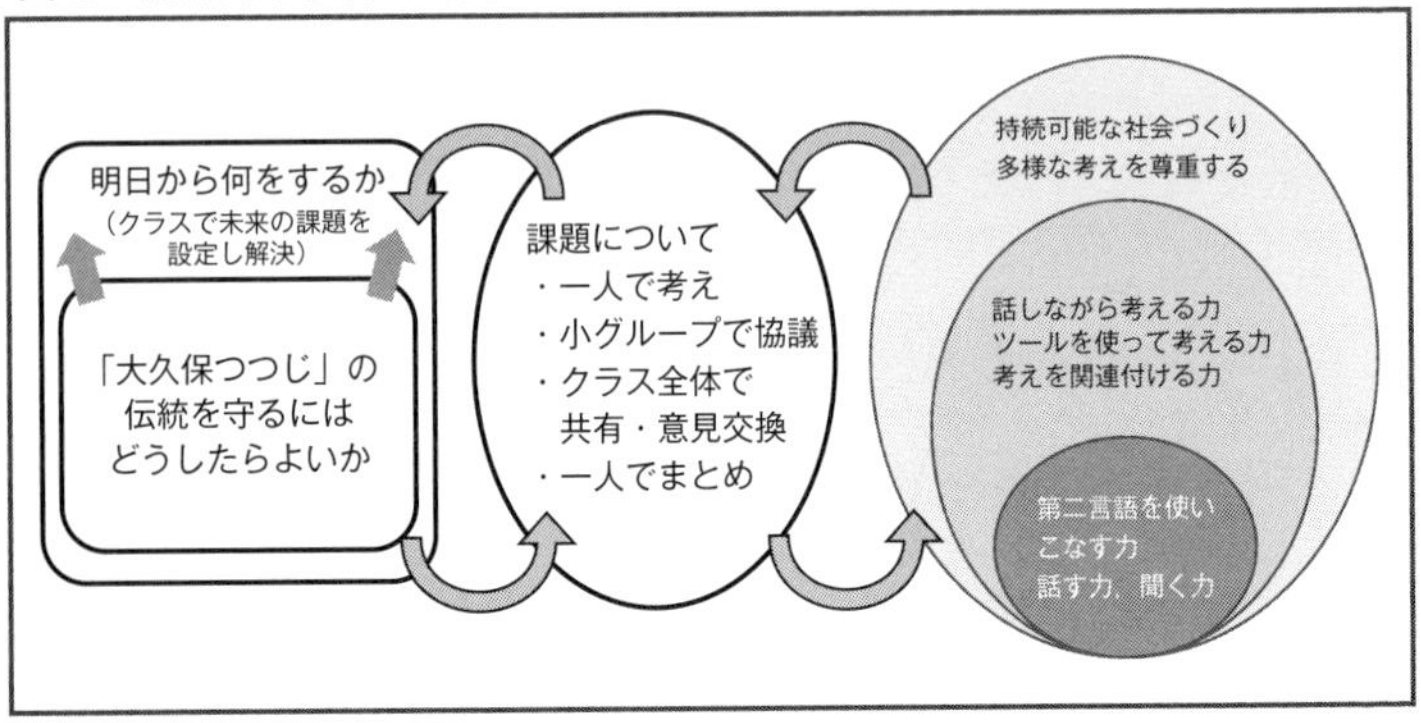

がる出発点になると考えられます。

授業終了後には、参観に来ていた外国人記者から「友達と意見が違うときにどうするか？」との質問がなされました。これに対して、児童たちは、他人と意見が違っても、それを聞いて関連付けて新しい意見やアイデアを出す重要性に言及しました。これは、課題の解決に向けて意見の違いを生かして協働しながら新しい価値の創造に向かっていく「教室における自立・協働・創造」の姿の表れだと言えます[58]。

これを図29のサイクルに表すと、一部の児童にとっては、言わば第二言語の日本語を道具に、話したり聞いたり、思考ツールや黒板に文字を書いたり読んだりしながら考える「思考力」を使って、多様な考えを尊重し、それを生かして次の課題を見付ける「実践力」を身に付け、同時に、使える「基礎力」として日本語技能を習得したと考えることができるでしょう。文化の違いという多様性を探究課題の解決に生かし、多様な考えを尊重する態度も身に付けつつあると見ることができます。

上記で扱われた課題は、異文化交流などではなく、かつて大久保に咲き誇っていたつつじを再生するという地域密着型の課題でした。つまり、国際理解・国際教育でイメージされがちな「互いの」国の歴史・文化等を理解することよりも、共通の課題解決に取り組む中から、互いの考えの違いに気付く教育が展開されていました。

このような探究型の課題とそこで起きる子供たちの学びの関係が一層詳細に検討されるようになれば、資質・能力教育もより実効的に展開できるでしょう。

58　一人の児童は「意見をぶつけ合うことによって自分の学びにもなるし、その意見がつながっていったり関連して深くしてゆくというのが一つの私たちの考えで、私の考えではあります」と述べました。「一つの私たちの考えで」との発言を「私の考え」と言い換えているところに、協働しながらも自分自身の考えを大切にする「自立」した個人を感じることができます。

第6章
今後の課題

本書は、当研究所で平成25年度まで行ってきた「教育課程の編成に関する基礎的研究」、そして現在進行中の「資質・能力を育成する教育課程の在り方に関する研究」の成果を踏まえ、特に資質・能力目標とその教育に絞って、教育実践研究に基づいた学術的な知見を整理してきました。参照できた知見は一部でしかありませんが、その中でも、次の二つの示唆を得ました。

一つには、21世紀を生き抜くための資質・能力として、思考力等の認知スキルを中核として、それを支えるリテラシーなどの基礎力、思考力の使い方を方向付け、社会と関わり、実践的な課題発見・解決とつながるための実践力が求められているということです。

二つには、21世紀を生き抜くための資質・能力を育むために、図30のように教科等の内容と資質・能力を学習活動でつなぐ教育が有効だということです。すなわち、図の左側の教科等の内容だけを重視し、知識伝達・注入型の授業をいくら実施しても、右側の資質・能力は育ちません。一方で、資質・能力が大事だからと言って、例えば問題解決の練習をいくら繰り返しても、生きて働く問題解決能力は育成されにくいでしょう。やはり、意味のある文脈の中で、教科等の内容の中核となるビッグアイデアを手掛かりに、問う価値のある課題の解決に向けて学習活動を組織することを通して初めて問題解決能力なども育まれ、こうした授業作りを繰り返すことで、教科等の内容と資質・能力が一体化され、「生きる力」の育成につながっていくのです。

図30　内容，学習活動，資質・能力をつなぐ学びのサイクル

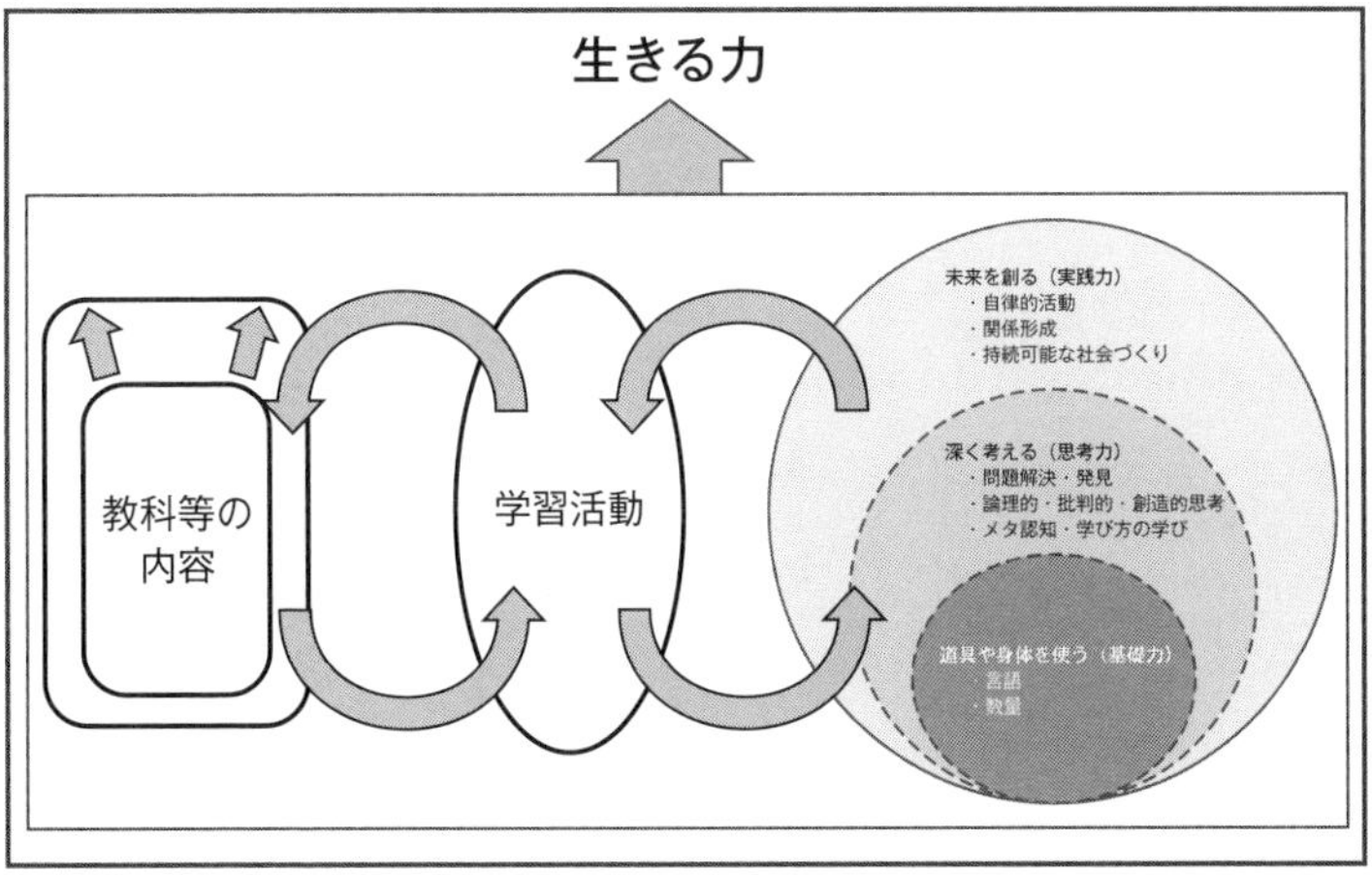

以上は極めて基本的な示唆かもしれませんが、このような基本を確認しておくことで、既に取り組まれていると思われた教育現場には、サポートが提供でき、何か不足していたと思われた現場にはヒントが提供でき、そして違和感を覚えられた現場には異論が喚起できるのではないでしょうか。また、中央教育審議会諮問「初等中等教育における教育課程の基準等の在り方について」（平成２６年１１月２０日）において言及された「課題の発見・解決に向けて主体的・協働的に学ぶ学習（いわゆる『アクティブ・ラーニング』）」も、単なる新しいテクニックの導入ではなく、教育目標（**図３０**の右側）と内容（図左側）、そして評価をより密接に関係付けるための媒介として見直すことができるのではないかと考えています。

これまでの本書第４、５章で扱った事例に

は、既にいわゆる「アクティブ・ラーニング」と呼ばれるような実践も含まれていました。ただし、それらを「こうすればいつでも必ずうまくいくテクニック」として紹介するのではなく、その狙いや根拠、実際の学習成果やプロセスを中心に紹介してきました。それは、「子供がいかに学ぶものか」という理念（理論、学習観）とその不断の検証が何よりも重要だと考えたからです。どのような学習活動を選択し、どのような学習環境をデザインするかを授業の狙いに応じて、学習理論や教授学（ペダゴジー）に基づいて考えることができることが何よりも大事だと見なしたからです。

例えば、本書が前提とした考え方は、子供は学ぶ力などの資質・能力を潜在的に持っているというものです。だからこそ、それを子供から引き出し、ふんだんに使える機会を用意して、２１世紀を生き抜く自覚的な力へと高めて欲しいと考えました。その立場からすれば、「アクティブ・ラーニング」は、子供の潜在的な力を生かして伸ばす実践であり、その実践を通して我々大人もそうできることを自覚しながら、学びについて捉え直していく機会だということになります。

しかし、これも一つの考え方、一つの理論でしかありません。ですので、これで正解というものではなく、実際にこのような考え方に従って、目標に応じた学習環境をデザインし、そこで学んだ学習者一人一人の学習過程や成果から検証する必要があります。しかも、学習の本質的な一回性（厳密に同じ事は二度と起こらない）に鑑みれば、繰り返し授業を作り続け、その成果を踏まえて改善し続ける必要があります。こうした営みを通して、各学校や先生、実践者の数だけの「何をどうすればうまくいくのか」の判断基準が形成され、「人はいかに学ぶものか」の理解が子供自身も含めて育まれていくと良いのではないでしょうか。

これは、図30のような学びのサイクルをいかに回していくかという課題でもあります。そこで、本書に続く「資質・能力を育成する教育課程の在り方に関する研究報告書2」において、学びの質や深まりを重視した学び方や「アクティブ・ラーニング」など（「アクティブ・ラーニングが資質・能力の育成にどう関わるか」「日本でこれまでなされてきた活動や実践とどう違うか」）、学びの成果として「何ができるようになったか」「どのような力が身に付いたか」に関する学習評価の在り方、学習指導要領等の理念を実現するための各学校におけるカリキュラム・マネジメントや各種リソースによる学習・指導方法及び評価方法の支援策、資質・能力育成に特に関わる部分での教員養成・研修の在り方、以上を見据えた学習指導要領の構造の分析、地域や家庭の在り方も含めた幅広い条件整備などについて検討していく予定です。

NewYork: Oxford University Press.
· Spencer, L. M. & Spencer, S. M. (1993). *Competence at work*. NewYork: John Willy & Sons. (梅津祐良・成田攻・横山哲夫（訳）(2011).『コンピテンシー・マネジメントの展開』, 東京：生産性出版.)
· Stein, B. S. & Bransford, J. D. (1979). “Constraints on effective elaboration: Effects of precision and suject generation.” *Journal of Verbal Learning and Verbal behavior*, **18**, 769-777.
· Stokes, D. E. (1997). *Pasteur's quadrant: Basic science and technological innovation*. Washington, D.C.: Brookings Institution Press.
· Takahashi, K. & Hatano, G. (1996). “A naïve theory of banking buisiness: Humanistic rules applied to societal understanding.” *Paper presented at the Biennial International Society for the Study of Behavioral Development*.
· 田村学（2014).「総合的な学習の時間がはぐくむ21世紀型学力」. 奈須正裕（編）(2014).『知識基盤社会を生き抜く子どもを育てる：コンピテンシー・ベイスの授業づくり（シリーズ新しい学びの潮流１）』. 東京：ぎょうせい, 132-142.
· 田中壮一郎（2007).『逐条解説 改正教育基本法』. 東京：第一法規株式会社.
· 苫野一徳（2014).『教育の力』. 東京：講談社.
· Voss, J. F., Blais, J., Means, M.L.,Greene, T. R. & Ahwesh,E. (1989). “Informal reasoning and subject matter knowledge inthesolving of economics problems by naïveandnovice individuals.” In L. Resnick (Ed.), *Knowing, learning, and instruction: Essays in Honor of RobertGlaser*, Hillsdale, NJ: Lawrence Erlbaum, 251-282.
· White, B. & Frederiksen, J. (2007). “Fostering reflective learning through inquiry.” In J. Campione, A. Palincsar, &K. Metz (Eds.), *Children's learning in laboratory and classroom contexts: Essays in honor of Ann Brown*, Mahwah NJ: Lawrence Erlbaum Associates, 163-196.
· Wiggins, G. & Mctighe, J. (2005). *Understanding by design*. Alexandria: Association for Supervision & Curriculum. (ウィギンス, G.・マクタイ, J.（著）西岡加奈恵（訳）(2012).『理解をもたらすカリキュラム設計-「逆向き設計」の理論と方法』. 東京：日本標準.)
· 柳原なほ子（2013).「21世紀型スキルが示すこれからの社会と人材」.『初等教育資料』, No. 898.

· Scardamalia, M. & Bereiter, C. (2006). "Knowledge building: Theory, pedagogy, and technology." In K. Sawyer (Ed.), *The Cambridge Handbook of the Learning Sciences*, New York: Cambridge University Press, 97-118.（河野麻沙美（訳）「知識構築：理論，教育学，そしてテクノロジー」森敏昭・秋田喜代美監訳（2009).『学習科学ハンドブック』. 東京：培風館.）
· Scardamalia, M. & Bereiter, C. (2013). "Beyond 21st century skills: Building cultural capacity for innovation." 人ロボット共生学国際シンポジウム「学び続ける力を育てる教育と評価のネットワーク構築に向けて」，2013年5月26日.
· Scardamalia, M. & Bereiter, C. (2014). "Knowledge building and knowledge creation: Theory, pedagogy, and technology." In Sawyer, R. K. (Eds.) (2014). *The Cambridge Handbook of the Learning Sciences (2nd edition)*. New York: Cambridge University Press, 397-417.
· Scardamalia, M., Bransford, J., Kozma, R. & Quellmalz, E. (2012). "New assessments and environments for knowledge building." In P. Griffin, B. McGaw, & E. Care (Eds.), *Assessment and Teaching of 21st Century Skills*, Springer, 231-300.（河﨑美保・齊藤萌木・大浦弘樹・舘野泰一（訳）(2014).「知識構築のための新たな評価と学習環境」. 三宅なほみ（監訳）『21世紀型スキル：新たな学びと評価』. 京都：北大路書房，77-158.）
· Schön, D. (1983). *The reflective practitioner: How professionals think in action*. London: Temple Smith.（ドナルド・ショーン（著）佐藤学・秋田喜代美（訳）(2001).『専門家の知恵：反省的実践家は行為しながら考える』. 東京：ゆみる出版. ドナルド・ショーン（著）柳沢昌一（訳）(2007).『省察的実践とは何か：プロフェッショナルの行為と思考』. 東京：鳳書房.）
· Schwartz, D. L. (1995). "The emergence of abstract representations in dyad problem solving." *The Journal of the Learning Sciences*, **4**, 321–354.
· Schwartz, D, L. & Bransford, J. D. (1998). "A time for telling." *Cognition and Instruction*, **16**(4), 475-522.
· Sfard, A. (1998). "On two metaphors for learning and the dangers of choosing just one." *Educational Researcher*, **27**(2), 4-13.
· Shirouzu, H., Miyake, N. & Masukawa, H. (2002). "Cognitively active externalization for reflection." *Cognitive Science*, **26**, 469-501.
· 白水始・三宅なほみ・高橋信之介（2007).「ビデオシステムによる講義内容の協調的な振返り活動を支援する」,『日本認知科学会第24回大会発表論文集』，498-501.
· Sieglar, S. (1996). *Emerging minds: The process of change in children's thinking.*

· Paavola, S., Lipponen, L. & Hakkarainen, K. (2004). "Models of innovative knowledge communities and three metaphors of Learning." *Review of Educational Research*, **74**(4), 557-576.
· Popper, K. R. (1972). *Objective knowledge: An evolutionalry approach*. Oxford: Clarendon Press.
· Roy, D. (2011). "The birth of a word." TED Talk. (https://www.ted.com/talks/deb_roy_the_birth_of_a_word#)
· Rumelhart, D. E., McClelland, J. L. & the PDP research group (1986). *Parallel distributed processing: Explorations in the microstructure of cognition. Vol. 1, 2*. Cambridge, MA: MIT Press.（ラメルハート・マクレランド・PDP リサーチグループ（著）甘利俊一（監訳）(1989)『PDP モデル：認知科学とニューロン回路網の探索』. 東京：産業図書.）
· Rychen, D. S. & Salganic, L. H. (Eds.) (2003). *Key competencies for a successful life and a well-functioning society*. Göttingen: Hogref & Huber.（ライチェン，D. S.・サルガニク，L. H.（著）立田慶裕（監訳）今西幸蔵・岩崎久美子・猿田祐嗣・名取一好・野村和・平沢安政（訳）(2006)『キー・コンピテンシー：国際標準の学力をめざして』，東京：明石書店，199-224.）
· 齊藤萌木 (2014).「空気のはたらきについての科学的な理解の獲得を支援する協調的な学習環境デザイン：『説明モデル』の活用と吟味を引き起こす支援方略の機能に注目して」.『科学教育研究』，**38**(2), 84-96.
· 齊藤一弥・奈須正裕 (2014).「第四章 コンピテンシー・ベイスの授業づくりの実際」. 奈須正裕（編）(2014).『知識基盤社会を生き抜く子どもを育てる：コンピテンシー・ベイスの授業づくり（シリーズ新しい学びの潮流 1）』. 東京：ぎょうせい.
· 佐伯胖 (1995).『「わかる」ということの意味』東京：岩波書店.
· 佐伯胖 (2004).『「わかり方」の探究：思索と行動の原点』. 東京：小学館.
· Sawyer, R. K. (2007). *Group genius: The creative power of collaboration*. New York: Basic Books.（K・ソーヤー（著）金子宣子（訳）(2009).『凡才の集団は孤高の天才に勝る：「グループ・ジーニアス」が生み出すものすごいアイデア』. 東京：ダイヤモンド社.）
· Sawyer, R. K. (Eds.) (2014). *The Cambridge Handbook of the Learning Sciences (2nd edition)*. New York: Cambridge University Press.
· Scardamalia, M. & Bereiter, C. (1991). "Higher levels of agency for children in knowledge building: A challenge for the design of new knowledge media." *The Journal of the Learning Sciences*, **1**, 37-68.

・三宅なほみ (2013).「変革的な『形成的』評価の提案–個人個人の学習過程を評価して，次の授業展開につなげる評価はいかにして可能か」.『育成すべき資質・能力を踏まえた教育目標・内容と評価の在り方に関する検討会 第５回発表資料』. (http://www.mext.go.jp/b_menu/shingi/chousa/shotou/095/shiryo/__icsFiles/afieldfile/2013/06/07/1335220_01_1.pdf)
・三宅なほみ・益川弘如 (2014).「インターネットを活用した協調学習の未来に向けて」.『児童心理学の進歩』, 東京：金子書房, 189-213.
・三宅芳雄・三宅なほみ (2014).『教育心理学概論』. 東京：放送大学教育振興会.
・Miyake, N. & Norman, D.A. (1979). "To ask a question, one must know enoughto know what is not known." *Journal of Verbal Learning and Verbal Behavior*, **18**, 357-364.
・Miyake, N., Shiga, K. & Shirouzu, H. (2007). "Developing question asking skills through collaboration." *Proceeding of the 29th meeting of the Cognitive Science Society (CogSci2007)*, 14.
・三宅なほみ・白水始 (2003).『学習科学とテクノロジ』. 東京 : 放送大学教育振興会.
・水原克敏 (2010).『学習指導要領は国民形成の設計書：その能力観と人間像の歴史的変遷』. 仙台 : 東北大学出版会.
・文部科学省 (2008).『小学校学習指導要領解説 総合的な学習の時間編』. 文部科学省.
・文部科学省 (2013).『第２期教育振興基本計画』. 文部科学省. (http://www.mext.go.jp/a_menu/keikaku/detail/__icsFiles/afieldfile/2013/06/14/1336379_02_1.pdf)
・Moss, J. (2005). "Pipes, tubes, and beakers: New approaches to teaching the rational-number system."In J. Bransford. & S. Donovan. (Eds.) *How children learn: History science and mathematics in the classroom*. Washington, DC: National Academies Press, 309–350.
・本吉圓子 (1979).『私の生活保育論』. 東京：フレーベル館.
・村山功 (2013).「断片的知識論とその教授活動への示唆」.『教科開発学論集』, 1, 55-64.
・奈須正裕 (2013).『子どもと創る授業 - 学びを見とる目, 深める技』. 東京 : ぎょうせい.
・奈須正裕 (編) (2014).『知識基盤社会を生き抜く子どもを育てる：コンピテンシー・ベイスの授業づくり (シリーズ新しい学びの潮流１)』. 東京：ぎょうせい.
・野中郁次郎・竹内弘高 (1996).『知識創造企業』. 東京：東洋経済新報社.
・Okada, T. & Simon, H. A. (1997). "Collaborative discovery in a scientific domain." *Cognitive Science*, **21**(2), 109-146.
・オンタリオ教育省 (2007).『オンタリオカリキュラム』. (http://www.edu.gov.on.ca/eng/curriculum/elementary/)

· Lawler, R. W. (1981). "The progressive construction of mind." *Cognitive Science*, **5**, 1-30.
· Latour, B. (1984) *The pasteurization of France*. Cambridge: Harvard University Press. (*Les Microbes: guerre et paix, suivi de Irréductions*. Paris：A.M. Métaillé.)
· Latour, B. (1987). *Science in action: How to follow scientists and engineers through society*. Cambridge: Harverd University Press.（ラトゥール，B.（著）川崎勝・高田紀代志（訳）（1999).『科学が作られているとき：人類学的考察』. 東京：産業図書.）
· Lin, F., Chan, C. K. K. & van Aalst, J. (2014). "Promoting 5th graders'views of science and scientific inquiry in an epistemic-enriched knowledge-building environment." InJ. L. Polman, E. A. Kyza, D. K. O'Neill, I. Tabak, W. R. Penuel, A. S. Jurow, K. O'Connor, T. Lee. & L. D'Amico. (Eds.), *Proceedings of 11th International Conference of the Learning Sciences*, 126-133.
· Linn, M. C. & Eylon, B.-S. (2011). *Science learning and instruction:Taking advantage of technology to promote knowledge integration*. New York:Routledge.
· 松木健一（2008).「学校を変えるロングスパンの授業研究の創造」. 秋田喜代美・キャサリン・ルイス（著）『授業の研究 教師の学習』, 東京：明石書店, 186-201.
· 松尾知明（2015),『21世紀型スキルとは何か』東京：明石書店.
· 松下佳代（2010).『"新しい能力"は教育を変えるか：学力・リテラシー・コンピテンシー』. 東京：ミネルヴァ書房.
· McClelland, D. (1973). "Testing for competence rather than for 'intelligence'." *American Psychologist*, **28**, 1-14.
· McClelland, D. (1993). "Introduction." In L. M. Spencer & S. M. Spencer, *Competence at work: Models for a superior performance*, New York: John Wiley & Sons, 3-8.（梅津祐良・成田攻・横山哲夫（訳）(2011).『コンピテンシー・マネジメントの展開』, 東京：生産性出版.）
· Meier, D. & Schwartz, P. (2007). "Central Park East Secondary School: The hard part is making it happen." In M. W. Apple & J. A. Beane (Eds.), *Democratic SchoolsSecond edition*, Portsmouth: Heinemann, 136-149.（澤田稔（訳）(2013).「第６章 セントラル・パーク・イースト中等学校：困難なのは実現することだ」.『デモクラティック・スクール：力のある学校教育とは何か（第２版)』. 東京：上智大学出版.）
· Miyake, N. (1986). "Constructive interaction and the iterative process of understanding." *Cognitive Science*, **10**(2), 151-177.
· 三宅なほみ（2012).「学習への動機づけ」. 三宅芳雄・三宅なほみ（2012).『教育心理学特論』. 東京：放送大学教育振興会, 172-186.

ク』, 東京：共立出版.）
・稲垣佳世子・波多野誼余夫（1989）『人はいかに学ぶか：日常的認知の世界』東京：中公新書.
・石井英真（2010).「学力論議の現在：ポスト近代社会における学力の論じ方」. 松下佳代（編著）(2010).『“新しい能力”は教育を変えるか：学力・リテラシー・コンピテンシー』. 東京：ミネルヴァ書房, 141-180.
・石井英真（2011).『現代アメリカにおける学力形成論の展開』. 東京：東信堂.
・石井英真（2014).「グローバル化時代の学力とその評価」. 指導と評価, no.709.
・磯田道史（2013).『歴史の読み解き方：江戸期日本の危機管理に学ぶ』. 東京：朝日新聞出版.
・Kapur, M. & Bielaczyc, K. (2012). “Designing for productive failure.” *Journal ofthe Learning Sciences*, **21**, 45-83.
・Kapur, M. (2014). “Productive failure in learning math.” *Cognitive Science*, 38(5), 1008–1022.
・勝田守一（1964).『能力と発達と学習』. 東京：国土社.
・北川達夫・平田オリザ（2008).『ニッポンには対話がない：学びとコミュニケーションの再生』. 東京：三省堂.
・国立教育政策研究所（2013).『平成25年度 教育課程の編成に関する基礎的研究報告書 6 諸外国の教課程と資質・能力–重視する資質・能力に焦点を当てて–』. 国立教育政策研究所.
・国立教育政策研究所（2014).『平成25年度 教育課程の編成に関する基礎的研究報告書 7 資質や能力の包括的育成に向けた教育課程の基準の原理』. 国立教育政策研究所.（http://www.nier.go.jp/05_kenkyu_seika/pdf_seika/h25/2_1_allb.pdf）
・Kuhn, D. (1999). “A developmental model of critical thinking.” *Educational Researcher*, **28**(2), 16-46.
・久野弘幸（2014).「学力論と授業づくりを巡る世界の潮流」. 奈須正裕（編）(2014).『知識基盤社会を生き抜く子どもを育てる：コンピテンシー・ベイスの授業づくり（シリーズ新しい学びの潮流 1）』. 東京：ぎょうせい, 14-52.
・教育課程審議会（2000).「児童生徒の学習と教育課程の実施状況の評価の在り方について（報告）」. 文部科学省.
・Lave, J. & Wenger, E. (1991). *Situated learning: Legitimate peripheral participation*. Cambridge: Cambridge University Press.（レイブ, J・ウェンガー, E（著）佐伯胖（訳）(1993).『状況に埋め込まれた学習：正統的周辺参加』. 東京：産業図書.）

novice children." *Cognitive Development*, **1**, 221-237.
· Gonczi, A. (2003). "Teaching and learning of the key competencies." *Contributions to theSecond DeSeCo Symposium*, 119-131.
· Griffin, P., McGaw, B. & Care, E. (2012). *Assessment and teaching of 21st century skills.* New York: Springer-Verlag. (三宅なほみ（監訳）グリフィン，P.・マクゴー，B.・ケア，E.（編集）益川弘如・望月俊男（訳）(2014).『21世紀型スキル：新たな学びと評価』. 京都：北大路書房).
· Gruber, H. E. & Wallace, D. B. (1999). "The case study method and evolving systems approachfor understanding uniquely creative people at work." In R. J. Sternberg (Ed.), *Handbook ofCreativity*, New York: Cambridge University Press, 93-115.
· 波多野誼余夫 (2001).「適応的熟達化の理論をめざして」.『教育心理学年報』，**40**, 45-47.
· Hatano, G. & Inagaki, K. (1994). "A two-level analysis of collective comprehension activity." *Paper presented at 1994 Annual Meeting of American Educational Research Association.*
· 波多野誼余夫・三宅なほみ (1996).「社会的認知：社会についての思考と社会における思考」. 市川伸一（編）『認知心理学４：思考』，東京：東京大学出版会，205-235.
· 広岡亮蔵 (1964).「学力，基礎学力とはなにか：高い学力，生きた学力」.『現代教育科学 (1964年２月臨時増刊号)』.
· Hirsch Jr, E. D. (1987). *Cultural Literacy: What Every American Needs to Know.* NewYork: Vintage. (ハーシュ，E. D.（著）中村保男（訳）(1989).『教養が，国をつくる。：アメリカ建て直し教育論』. 東京：ティビーエス・ブリタニカ.)
· 本田由紀 (2005).『多元化する「能力」と日本社会：ハイパー・メリトクラシー化のなかで』. 東京：NTT 出版.
· Howe, C. (1998). *Conceptual structure in childhood and adolescence: The case of everyday physics*. NewYork: Routledge.
· Hunt, E. & Minstrell, J. (1994). "A collaborative classroom for teaching conceptual physics." In K. McGilly. (Ed.), *Classroom lessons: Integrating cognitive theory and classroom practice*. Cambridge: MIT Press.
· Hutchins, E. (1990). "The technology of team navigation." In J. Galegher, R. Kraut, & C. Egido (Eds.) *Intellectual teamwork: Social and technical bases of collaborative work.* Hillsdale, NJ: Lawrence Erlbaum Associates, 191-220. (ハッチンス・E（著）宮田義郎（訳）(1992).「チーム航行のテクノロジー」. 安西祐一郎（編）『認知科学ハンドブッ

Journal of Physics, **50**(1), 66-71.
· Cognition & Technology Group at Vanderbilt (CTGV). (1997). *The jasper project: Lessons in curriculum, instruction, assessment, and professional development.* Mahwah, N.J.: Laurence Erlbaum Associates.
· Cognition & Technology Group at Vanderbilt (CTGV). (1998). "Designing environments to reveal, support, and expand our children's potentials." In S. A. Soraci & W. McIlvame. (Eds.), *Perspectives on Fundamental processes in intellctural functioning (Vol.1)*, Greenwich: Ablex, 313-350.
· 大学発教育支援コンソーシアム推進機構（CoREF）. (2015).『自治体との連携による協調学習の授業づくりプロジェクト（平成26年度報告書）協調が生む学びの多様性 第５集：学び続ける授業者へ』. http://coref.u-tokyo.ac.jp/.
· diSessa, A. A. (1993). "Towards an epistemology of physics." *Cognition and Instruction*, **10**(2-3), 105-225.
· Dunbar, K. (1995). How scientist really reason: Scientific reasoning in real world laboratories. In R.J. Sternberg & J.E. Davidson (Eds.), *The nature of insight*. NY: Cambridge UP.（ダンバー, K.（著）山崎治（訳）(1999).「科学者の思考法：科学における御雷の創造性と概念変化」岡田猛・田村均・戸田山和久・三輪和久（編）『科学を考える：人工知能からカルチュラル・スタディーズまで14の視点』. 京都：北大路書房, 26-55).
· 遠藤貴広 (2010).「日本の場合：PISA の受け止め方に見る学校の能力観の多様性」. 松下佳代（編著）『"新しい能力"は教育を変えるか』. 東京：ミネルヴァ書房, 181-202.
· Engeström, Y. (1987). *Learning by expanding: An activity-theoretical approach to developmental research*. Helsinki: Orienta-Konsultit.（百合草禎二・庄井良信・松下佳代・保坂裕子・手取義宏・高橋登（著）, 山住勝広（訳）(1999).『拡張による学習：活動理論からのアプローチ』. 東京：新曜社）
· Feynman, R. P. (1985). "*Surely you're joking, Mr. Feynman!: Adventures of a curious character.*"Great Britain: W.W.Norton & Company, Inc.（ファインマン（著）大貫昌子（訳）(2000).『ご冗談でしょう, ファインマンさん（上・下）』. 東京：岩波書店.）
· Forman, E. & McPhail, J. (1993). "A Vygotskian perspective on children's collaborative problem-solving activities." In E. Forman, N. Minick, & C. A. Stone. (Eds.). *Contexts for learning: Sociocultural dynamics in children's development*. New York: Oxford University Press, 213-229.
· 福島真人 (2010).『学習の生態学：リスク・実験・高信頼性』. 東京：東京大学出版会.
· Gobbo, C. & Chi, M. (1986). "How knowledge is structured and used by expert and

· Bransford, J. D. & Stein, B. S. (1984). *The ideal problem solver: A guide for improving thinking, learning, and creativity.* New York: Freeman.（ブランスフォード，J. D.・スタイン，B. S.（著）古田勝久・古田久美子（訳）（1990）.『頭の使い方がわかる本–問題点をどう発見し，どう解決するか 問題解決のノウハウ』. 東京：HBJ 出版局.）
· Brown, A. L., Ellery, S. & Campione, J. C. (1998). "Creating zones of proximal development electronically." In Greeno, J. G. & Goldman, S. V. (Eds.) *Thinking practice in mathematics and science learning*, New York: Routledge, 341-368.
· Brown, J. S., Collins, A. & Duguid, P. (1989). "Situated cognition and the culture of learning." *Educational Researcher*, **18**, 32-42.（ブラウン，J. S.・コリンズ，A. S.・ドューグッド，P.（著）杉本卓（訳）（1992）.「状況に埋め込まれた認知と学習の文化」安西祐一郎・大津由紀雄・溝口文雄・石崎俊・波多野誼余夫（編）『認知科学ハンドブック』. 東京：共立出版，35-51.）
· Bruer, J. T. (1993). *Schools for Thought: A Science of Learning in the Classroom.* Cambridge: MIT Press.（ブルーアー，J. T.（著）松田文子（監訳）森敏昭（訳）（1997）.『授業が変わる：認知心理学と教育実践が手を結ぶとき』，京都：北大路書房.）
· Case, R. (1985). *Intellectual development: Birth to adulthood.* New York: Academic Press.
· Cassell, J., Huffaker, D., Ferriman, K. & Tversky, D. (2006). "The language of online leadership: Gender and youth engagement on the Internet." *Developmental Psychology*, **42**(3), 436–449.
· Chi, M. T. H. (1978). "Knowledge structures and memory development." In R. Sieglar (Ed), *Children's thinking: What develops?*, Hillsdale: Lawrence Erlbaum Associates, 73-96.
· Chomsky, N. (1965). *Aspects of the Theory of Syntax*. Cambridge: MIT Press.
· 中央教育審議会（1996）.「21世紀を展望した我が国の教育の在り方について（答申）」. 文部科学省.（http://www.mext.go.jp/b_menu/shingi/chuuou/toushin/960701.htm）
· 中央教育審議会（2008）.「幼稚園，小学校，中学校，高等学校及び特別支援学校の学習指導要領等の改善について」. 文部科学省.（http://www.mext.go.jp/b_menu/shingi/chukyo/chukyo0/toushin/__icsFiles/afieldfile/2009/05/12/1216828_1.pdf）
· 中央教育審議会（2012）.「共生社会の形成に向けたインクルーシブ教育システム構築のための特別支援教育の推進（報告）」. 文部科学省.（http://www.mext.go.jp/b_menu/shingi/chukyo/chukyo3/044/houkoku/1321667.htm）
· Clement, J. (1982). "Students' preconceptions in introductory mechanics." *TheAmerican*

引用文献

・安彦忠彦（2002).『教育課程編成論：学校は何を学ぶところか（改訂版)』. 東京：放送大学教育振興会.

・安彦忠彦（2014).『「コンピテンシー・ベース」を超える授業づくり（教育の羅針盤)』. 東京：図書文化社.

・安彦忠彦・児島邦宏・三宅なほみ・佐々田亨三（2013).「いま，学校に求められる変革」.『教育展望』，11月号.

・秋田喜代美（2012).『学びの心理学：授業をデザインする』. 東京：左右社.

・天野清（1986).『子どものかな文字の習得過程』. 東京：秋山書店.

・Barrohan, B. J. S., Schwartz, D. L., Vye, N. J., Moore, A., Petrosino, A., Zech, L., Bransford, J. D. & The Cognition and Technology Group atVanderbilt. (1998). "Doing with understanding: Lessons from research onproblem- and project-based learning." *The Journal of the Learning Sciences*, **7**(3-4), 271-311.

・Beach, K. D. (1988). "The role of external mnemonic symbols in acquiring an occupation." In M. M.Gruneberg, P. E.Morris, & R. N.Sykes (Eds.), *Practical aspects of memory: Current research and issues (Vol. 1: Memory in everyday life)*. Chichester: Wiley, 342-346.

・Bereiter, C. (1975). *Must we educate?* Englewood Cliffs, N.J.: Prentice-Hall.（ベライター，C.（著）下村哲夫（訳）(1975).『教育のない学校』. 東京：学陽書房.)

・Bereiter, C. (2002). *Education and mind in the knowledge age*. Hillsdale, NJ: Lawrence Erlbaum Associates.

・Bereiter, C. & Scardamalia, M. (1993). *Surpassing ourselves: An inquiry into the nature and implicatios of expertise*. Chicago: Open Court.

・Bereiter, C. & Scardamalia, M. (2005). "Beyond Bloom's taxonomy: Rethinking knowledge for the knowledge age." In M. Fullan. (Ed.), *International handbook of educational change: Fundamental change*. The Netherlands: Springer, 5-22.

・Bloom, B, S. (1956). *Taxonomy of Educational Objectives*. Boston, MA: Allyn and Bacon.

・Bransford, J. D., Brown, A. L. & Cocking, R. R. (2000). *How people learn: Brain, mind, 2experience and school (Extended version)*. Washington, D.C: National Academy Press.（森敏昭・秋田喜代美（監訳）(2002).『授業を変える：認知心理学のさらなる挑戦』. 京都：北大路書房.)

・Bransford, J. D. & Johnson, M. K. (1973). "Considerations of some problems of comprehension." In W. Chase (Ed.), *Visual information processing*. New York: Academic Press, 383-438.

マ行

索引

執筆者一覧 （平成28年1月現在）

●第1章●

西野真由美　国立教育政策研究所教育課程研究センター基礎研究部総括研究官
松尾　知明　国立教育政策研究所初等中等教育研究部総括研究官
白水　　始　国立教育政策研究所初等中等教育研究部総括研究官

●第2章●

松尾　知明　国立教育政策研究所初等中等教育研究部総括研究官
白水　　始　国立教育政策研究所初等中等教育研究部総括研究官

●第3章●

白水　　始　国立教育政策研究所初等中等教育研究部総括研究官

●第4章●

白水　　始　国立教育政策研究所初等中等教育研究部総括研究官
後藤　顕一　国立教育政策研究所教育課程研究センター基礎研究部総括研究官
松原　憲治　国立教育政策研究所教育課程研究センター基礎研究部総括研究官

●第5章●

松尾　知明　国立教育政策研究所初等中等教育研究部総括研究官
福本　　徹　国立教育政策研究所生涯学習政策研究部総括研究官
後藤　顕一　国立教育政策研究所教育課程研究センター基礎研究部総括研究官
西野真由美　国立教育政策研究所教育課程研究センター基礎研究部総括研究官
白水　　始　国立教育政策研究所初等中等教育研究部総括研究官

●第6章●

白水　　始　国立教育政策研究所初等中等教育研究部総括研究官

研究組織（平成27年3月現在）

●研究代表者●

髙口　努	国立教育政策研究所教育課程研究センター長（平成26年7月から）
勝野　頼彦	国立教育政策研究所教育課程研究センター長（平成26年7月まで）

●研究副代表者●

今関　豊一	国立教育政策研究所教育課程研究センター基礎研究部長

●企画運営委員●

渡邊　恵子	国立教育政策研究所研究企画開発部長（平成27年2月から）
大月　光康	国立教育政策研究所研究企画開発部長（平成27年1月まで）

●国際研究班●

二宮　皓	比治山大学　学長
青木麻衣子	北海道大学　准教授
新井　浅浩	城西大学　教授
上原　秀一	宇都宮大学　准教授
坂野　慎二	玉川大学　教授
下村　智子	三重大学　准教授
福本みちよ	東京学芸大学　准教授
松本　麻人	文部科学省生涯学習政策局参事官付外国調査係専門職

●検討班●

角屋　重樹	日本体育大学　教授（国立教育政策研究所客員研究員）
吉冨　芳正	明星大学　教授（国立教育政策研究所客員研究員）
猿田　祐嗣	國學院大学　教授（所外委員）
遠山紗矢香	静岡大学　特任助教（所外委員）
淵上　孝	文部科学省　初等中等教育局幼児教育課長（フェロー）
今村　聡子	東京大学　経営支援担当部長（フェロー）
大金　伸光	国立教育政策研究所教育課程研究センター研究開発部長
大杉　昭英	国立教育政策研究所初等中等教育研究部長
河合　久	国立教育政策研究所教育課程研究センター基礎研究部総括研究官
銀島　文	国立教育政策研究所教育課程研究センター総合研究官
二井　正浩	国立教育政策研究所教育課程研究センター基礎研究部総括研究官
渡邊　あや	国立教育政策研究所高等教育研究部総括研究官

●事務局●

佐藤　有正	国立教育政策研究所教育課程研究センター学力調査課長
白水　始	国立教育政策研究所初等中等教育研究部総括研究官
松尾　知明	国立教育政策研究所初等中等教育研究部総括研究官
福本　徹	国立教育政策研究所生涯学習政策研究部総括研究官
後藤　顕一	国立教育政策研究所教育課程研究センター基礎研究部総括研究官
西野真由美	国立教育政策研究所教育課程研究センター基礎研究部総括研究官
松原　憲治	国立教育政策研究所教育課程研究センター基礎研究部総括研究官

国研ライブラリー
資質・能力［理論編］

2016（平成28）年1月19日　初版第1刷発行
2021（令和3）年3月19日　初版第8刷発行

編　者　国立教育政策研究所
発行者　錦織圭之介
発行所　株式会社　東洋館出版社
〒113-0021　東京都文京区本駒込5-16-7
営業部　電話 03-3823-9206／FAX 03-3823-9208
編集部　電話 03-3823-9207／FAX 03-3823-9209
振替　00180-7-96823
URL　http://www.toyokan.co.jp
装　幀　中濱健治
印刷・製本　藤原印刷株式会社

ISBN978-4-491-03180-4　Printed in Japan
JCOPY ＜㈳出版者著作権管理機構 委託出版物＞
本書の無断複写は著作権法上での例外を除き禁じられています。複写される場合は，そのつど事前に，㈳出版者著作権管理機構（電話 03-5244-5088，FAX03-5244-5089，e-mail:info@jcopy.or.jp）の許諾を得てください。